职业教育"立交桥"贯通下的学生成长过程比较研究与实践

主　编　李晓记　胡泽民

参　编　钟　洁　蒙　曦

何海生　莫绍嫒

汤　卡　陈天丽

袁丽君

西安电子科技大学出版社

内 容 简 介

本书以教育部《现代职业教育体系建设规划(2014 — 2020 年)》为指导纲要,研究贯通"立交桥"培养体系,实践多层次应用型人才培养过程。通过对中职升本学生成长过程进行实时跟踪研究、分析反馈、采取措施,为调整多样成才的人才培养模式和方法提供重要依据,对培养应用技术技能型人才,提高学生就业创业能力,从根本上增强职业教育吸引力具有十分重要的意义。同时,本书也是对我国职教体系服务现代产业结构调整战略进行的有效的探索和实践。

本书共分 5 章,具体包括:贯通"立交桥"体系,培养应用技术技能型人才;构建"一体化"培养体系,实践多层次应用型人才培养过程;中职升本学生成长过程跟踪研究;中职升本学生的成长过程分析反馈;总结。

本书对了解高校中职来源本科生人才培养现状,发现当下中职来源本科生人才培养困境,发掘培养中职来源本科生的特色和优势具有参考价值,也为各高校的中职来源本科生人才培养提供了参考方案,希望对职业教育的改革和发展能有所帮助。

图书在版编目(CIP)数据

职业教育"立交桥"贯通下的学生成长过程比较研究与实践/李晓记,胡泽民主编.
—西安:西安电子科技大学出版社,2016.8
ISBN 978 - 7 - 5606 - 4203 - 1

Ⅰ.① 职… Ⅱ.① 李… ② 胡… Ⅲ.① 大学生—人才成长—研究
Ⅳ.① G645.5

中国版本图书馆 CIP 数据核字(2016)第 190279 号

策　　划	陈　婷
责任编辑	陈　婷　杨　薇
出版发行	西安电子科技大学出版社(西安市太白南路 2 号)
电　　话	(029)88242885　88201467　　邮　　编　710071
网　　址	www.xduph.com　　　　电子邮箱　xdupfxb001@163.com
经　　销	新华书店
印刷单位	虎彩印艺股份有限公司
版　　次	2016 年 9 月第 1 版　2016 年 9 月第 1 次印刷
开　　本	787 毫米×960 毫米　1/16　印张 5.5
字　　数	95 千字
印　　数	1～1000 册
定　　价	18.00 元

ISBN 978 - 7 - 5606 - 4203 - 1/G

XDUP 4495001 - 1

＊＊＊如有印装问题可调换＊＊＊

序

为贯彻落实《国家中长期教育改革和发展规划纲要（2010—2020年）》，加快现代职业教育体系建设，提高服务区域经济社会发展的能力水平，桂林电子科技大学北海校区在广西壮族自治区职业教育教学改革重点项目基金的支持下开展了"职业教育'立交桥'贯通下不同层次学生'多样成才'的成长过程比较研究与实践"，这对在打造中国经济升级版、高等教育大众化背景下探索建设中国特色的应用型技术技能型人才培养基地、推动高等教育分类管理具有重要的理论和实践价值。

为加快发展现代职业教育，建设现代职业教育体系，教育部编制了《现代职业教育体系建设规划（2014—2020年）》（下文简称《规划》）。《规划》指出，加快发展现代职业教育是党中央、国务院做出的重大战略决策。其总体目标是牢固确立职业教育在国家人才培养体系中的重要位置，到2020年，形成适应发展需求、产教深度融合、中职高职衔接、职业教育与普通教育相互沟通、体现终身教育理念，具有中国特色、世界水平的现代职业教育体系，建立人才培养立交桥，形成合理的教育结构，推动现代教育体系基本建立、教育现代化基本实现。

因此，要形成适应我国发展方式转变和经济结构调整要求、满足人民对职业教育的需求、满足经济社会对技术技能型人才的需要的职业教育体系，职业教育改革阶段必须根据学生成长过程、企业环节的反馈不断自适应以动态调整人才培养方案，从而缩短调整周期，减少职业教育改革的不确定性，降低职业教育改革的风险。

国内外对如何构建现代职业教育体系的人才培养立交桥已有一些研究，根据教育部的规划纲要，其重点主要集中在研究人才培养模式、进行校企深度合作等，但对不同类型的学生在"立交桥"贯通下的多样成才等研究较少。学生的职业道德、职业技能和就业创业能力是检验职业教育体系的重要标准，因此研究适合现代职业教育体系下不同层次、不同类型的学生多样成才的成长过程尤为必要。这就要求要对学生成长过程进行跟踪、实时反馈、动态调整、采取措施，为职业教育的改革提供有力支撑。

2014年11月19日，国家教育部鲁昕副部长到桂林电子科技大学北海校区视察指导并提出要求：北海校区作为应用技术技能型人才培养基地，要把职业教育中不同层次学生多样成才的成长过程作为一个专题研究，尤其是要对中职升本的学生信息做好数据库管理，从一入学就开始跟踪，跟踪学习过程、成长中遇到的困难、就业取向及将来就业后的可持续发展能力。目前，中职升本教育模式在广西甚至在全国都还处在摸索的过程中，因此，桂电北海校区的中职升本教学探索经验是一笔非常宝贵的财富。作为专题研究，"职业教育'立交桥'贯通下的学生成长过程比较研究与实践"获得了广西壮族自治区职业教育教学改革重点项目立项，从学生入学起，就做好职业规划、学业指导和评价、就业指导等学生成长过程的专门研究。对项目的探索研究过程进行总结分析，形成了这本专著。本书对了解高校中职来源本科生人才培养现状，发现当下中职来源本科生的人才培养困境，发掘培养中职来源本科生的特色和优势具有参考价值，同时为各高校的中职来源本科生人才培养提供了参考方案，希望对职业教育的改革和发展能有所启发。

编　者

2016 年 4 月

于桂林电子科技大学

目　录

第1章　贯通"立交桥"体系，培养应用技术技能型人才

　　国家教育部编制的《现代职业教育体系建设规划(2014 — 2020 年)》指出：现代职业教育体系要促进中等和高等职业教育与高等教育、继续教育的衔接，构建人才成长的多层次"立交桥"，如图 1.1 所示，其基本任务是培养全面发展的应用技术技能型人才。

　　如图 1.1 所示，应用技术本科教育(职业本科)的学生有三种基本类型：中等职业教育(中职)起点、高等职业专科(高职)起点、普通高中教育(高中)起点，简称中职升本、高职升本、高中升本。

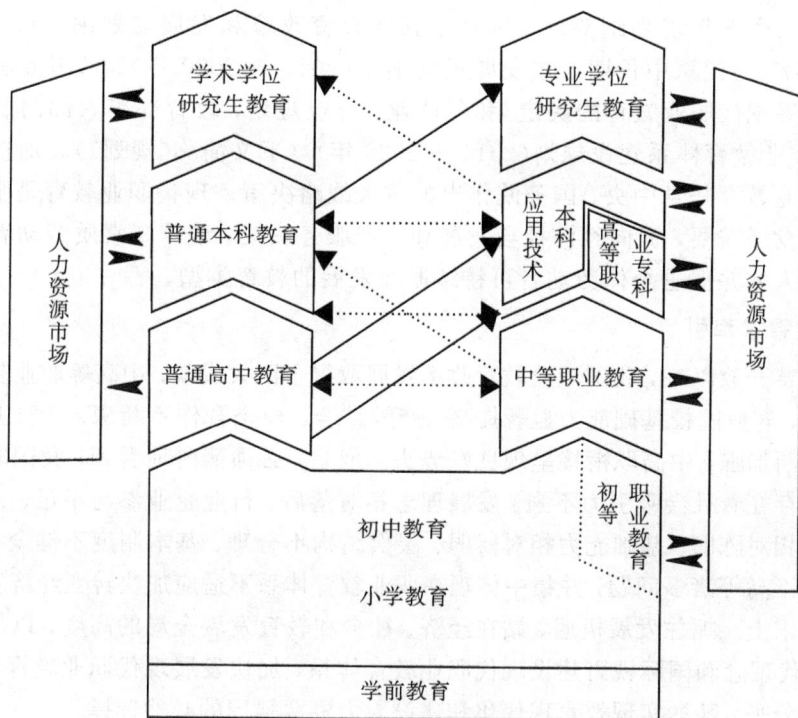

图 1.1　《现代职业教育体系建设规划》多层次人才成长"立交桥"

1.1 国家战略与需求牵引——培养应用技术技能型人才

当前，随着我国产业结构的优化和升级，企业需要更高层次的职业教育人才来满足其需求，应用技术技能型人才成为最大缺口。职业教育是最直接连接产业的教育类型，技术技能型人才由职业教育来培养。建立现代职业教育体系，是促进现代职业教育服务转方式、调结构、促改革、保就业、惠民生和工业化、信息化、城镇化、农业现代化同步发展的制度性安排，对打造中国经济升级版，创造更大的人才红利，促进就业和改善民生，加强社会建设和文化建设，满足人民群众生产生活多样化的需求，实现中华民族伟大复兴的中国梦都具有重要意义。

1. 国家战略

为全面贯彻党的十八大和十八届三中全会精神，依据《国民经济和社会发展第十二个五年规划纲要》、《国家中长期教育改革和发展规划纲要（2010 —2020 年）》、《国家中长期人才发展规划纲要（2010 — 2020 年）》、《国务院关于加快发展现代职业教育的决定》和各产业、行业规划，教育部等六部门制定了《现代职业教育体系建设规划（2014 — 2020 年）》（下文简称《规划》）。加快发展现代职业教育是党中央、国务院作出的重大战略决策。现代职业教育是服务经济社会发展需要，面向经济社会发展和生产服务一线，培养高素质劳动者和技术技能人才并促进全体劳动者可持续职业发展的教育类型。

2. 需求牵引

改革开放以来，我国职业教育改革发展取得了巨大成就，中高等职业教育快速发展，职业院校基础能力显著提高，产教结合、校企合作不断深入，行业企业参与不断加强，中高职衔接呈现良好势头。但是，必须清醒地看到，我国职业教育仍然存在着社会吸引力不强、发展理念相对落后、行业企业参与不足、人才培养模式相对陈旧、基础能力相对薄弱、层次结构不合理、基本制度不健全、国际化程度不高等诸多问题，并集中体现在职业教育体系不适应加快转变经济发展方式的要求上。抓住发展机遇，站在经济、社会和教育发展全局的高度，以战略眼光、现代理念和国际视野建设现代职业教育体系，加快发展现代职业教育，是促进教育公平、基本实现教育现代化和建设人力资源强国的必然选择。

现代职业教育要坚持市场需求导向，充分发挥市场在资源配置中的决定性作用，扩大职业院校办学自主权，推动学校面向社会需求办学，增强职业教育体系适应市场经济的能力；充分调动社会力量，吸引更多资源向职业教育汇聚，促进政府办学、企业办学和社会办学共同发展；进一步发挥行业、企业、学校和社会各方面的积极作用，激发职业教育办学活力，最大限度释放改革红利。

表 1.1 的《规划》专栏指出了经济和社会重点领域与技术技能型人才培养的目标。

表 1.1　《规划》专栏

专栏　经济和社会重点领域与技术技能型人才培养	
现代农业	加强农业职业教育，培养适应农业产业化和科技进步的新型职业农民。加强适应现代农业生产方式的技术人才、流通人才、经营和管理人才培养，支持农业结构战略性调整
制造业	加快培养适应工业转型升级需要的技术技能人才，使劳动者素质的提升与制造技术、生产工艺和流程的现代化保持同步，实现产业核心技术技能的传承、积累和创新发展，促进制造业由大变强
服务业	面向金融服务、现代物流、商务服务、社会工作服务和高技术服务领域，培养具备高尚职业道德、较高人文素养、通晓国际标准和高超技术技能的专门人才，通过人才专业化提升服务业的竞争力。适应老龄服务事业和产业发展需要，加快相关人才培养
战略性新兴产业	坚持自主创新带动与技术技能人才支撑并重的人才发展战略，加强战略性新兴产业相关专业建设，培养、储备应用先进技术、使用先进装备和具有工艺创新能力的高层次技术技能人才
能源产业	适应现代能源产业体系建设需要，加强新能源、可再生能源相关专业建设，加快节能环保、污染物防治与安全处置、资源回收与循环利用等相关产业技术技能人才培养
交通运输	服务综合交通运输体系建设，改造提升交通运输相关专业，优化人才培养结构，加快轨道交通、民航、公共交通等急需技术技能人才培养，提高从业人员素质
海洋产业	加强海洋类职业院校和专业建设，加快海洋油气业、海洋渔业、海洋船舶业等海洋传统产业，海洋交通运输业、海洋旅游业等海洋服务业，以及海洋装备制造业等海洋新兴产业急需的技术技能人才培养，为发展壮大海洋经济和增强海洋开发利用能力提供人才支撑
社会建设与社会管理	支持职业院校围绕城乡发展、社会管理、社区服务、基层文化建设，培养基层管理和公共服务人才
文化产业	适应文化产业的发展需要，加强文化创意、影视制作、出版发行等重点文化产业技术技能人才的培养。依托职业教育体系保护、传承和创新民族传统工艺与非物质文化遗产，培养各民族文艺人才

3. 重点任务

《现代职业教育体系建设规划》中指出：体系建设的重点任务之一是优化高等职业教育结构。具体包括如下：

（1）推进高等学校分类管理。建立高等学校分类体系，探索对研究类型高校、应用技术类型高校、高等职业学校等不同类型的高等学校实行分类设置、评价、指导、评估、拨款制度。鼓励举办应用技术类型高校，将其建设成为直接服务区域经济社会发展，以举办本科职业教育为重点，融职业教育、高等教育和继续教育于一体的新型大学。

（2）采取试点推动、示范引领等方式，引导一批本科高等学校转型发展。支持定位于服务行业和地方经济社会发展的本科高等学校实行综合改革，向应用技术类型高校转型发展。鼓励本科高等学校与示范性高等职业学校通过合作办学、联合培养等方式培养高层次应用技术人才。应用技术类型高校同时招收在职优秀技术技能人才、职业院校优秀毕业生和普通高中、综合高中毕业生。各地采取计划、财政、评估等综合性调控政策引导地方本科高等学校转型发展。

桂林电子科技大学北海校区依据国家战略，面向海上丝绸之路，以服务北部湾经济开发开放和广西经济社会发展对具有国际化职业竞争力的高端技术技能型人才的需求为目标，借鉴德国等国家应用技术大学办学经验，引进消化优质教育资源和行业企业标准、工艺流程，依托海洋战略和电子信息特色优势，紧密依托校企合作平台，探索面向海洋经济"高端、高质、高新"产业发展需要的电子信息类技术技能型人才培养模式，构建包含应用本科教育、高等职业教育、中等职业教育及有效衔接人才培养体系，建立集学历教育、技术培训、技能鉴定、生产服务于一体，具有中国特色的应用技术大学。

学校以教育部《现代职业教育体系建设规划（2014—2020年）》为指导纲要，贯彻落实教育部视察北海校区的指导精神，依托北海校区职业教育基地，以实施应用技术技能型人才"立交桥"培养为重点，进行"立交桥"贯通下的系统培养、多样成才的学生成长过程比较研究，根据学生的不同类型、不同层次建立数据库，跟踪学生成长过程，对课程集成、学生职业道德、职业技能和就业创业能力进行比较研究，及时增强学生学习的原动力，实时动态反馈给学校和企业，为调整多样成才的人才培养模式和方法提供重要依据，为学生多样化选择、多路径成才搭建"立交桥"，提高学生就业创业能力，从根本上增强职业教育吸引力，为我国职教体系服务现代产业结构调整战略进行有效的探索和实践。

1.2　优势互补与衔接贯通——构建不同层次人才成长"立交桥"

1. 职业教育的层次结构

职业教育主要包括初等职业教育、中等职业教育、高等职业教育。《规划》中对这三种职业教育提出了不同的要求。

1）初等职业教育

《规划》中指出，要在有需要的地方继续办好初等职业教育学校。在各类职业院校、培训机构和用人单位内部开展实用技术技能培训，使学习者获得基本的工作和生活技能。

2）中等职业教育

中等职业教育在现代职业教育体系中具有基础作用，要对初高中毕业生开展基础性的知识、技术和技能教育，培养技能人才。中等职业教育是职业教育发展的重点，今后一个时期总体应保持普通高中和中等职业学校招生规模大体相当。

3）高等职业教育

《规划》中指出，在办好现有专科层次高等职业（专科）学校的基础上，发展应用技术类型高校，培养本科层次职业人才；应用技术类型高等学校是高等教育体系的重要组成部分，与其他普通本科学校具有平等地位；高等职业教育规模占高等教育的一半以上，本科层次职业教育达到一定规模；建立以提升职业能力为导向的专业学位研究生培养模式；根据高等学校设置制度规定，将符合条件的技师学院纳入高等学校序列。

2. 构建不同层次人才成长"立交桥"的具体方案

1）建立健全课程衔接体系

适应经济发展、产业升级和技术进步需要，建立专业教学标准和职业标准联动开发机制。推进专业设置、专业课程内容与职业标准相衔接，推进中等和高等职业教育培养目标、专业设置、教学过程等方面的衔接，形成对接紧密、特色鲜明、动态调整的职业教育课程体系。全面实施素质教育，科学合理设置课程，将职业道德、人文素养教育贯穿培养全过程。

2）优势互补

完善职业教育人才多样化成长渠道。健全"文化素质＋职业技能"、单独招生、综合评价招生和技能拔尖人才免试等考试招生办法，为学生接受不同层次高等职业教育提供多种机会。在学前教育、护理、健康服务、社区服务等领域，健全对初中毕业生实行中高职贯通培养的考试招生办法。适度提高专科高等职业院校招收中等职业学校毕业生和本科高等学校招收职业院校毕业生的比例。逐步扩大高等职业院校招收有实践经历人员的比例。建立学分积累与转换制度，推进学习成果互认衔接。

3）衔接贯通

系统构建从中职、专科、本科到专业学位研究生的培养体系，满足各层次技术技能人才的教育需求，服务一线劳动者的职业成长。拓宽高等职业学校招收中等职业学校毕业生和应用技术类型高等学校招收职业院校毕业生通道，拓展职业院校学生的成长空间。在确有需要的职业领域，可以实行中职、专科、本科贯通培养，做到"系统培养、多样成才"。推进中等和高等职业教育紧密衔接，发挥中等职业教育在发展现代职业教育中的基础性作用，发挥高等职业教育在优化高等教育结构中的重要作用。加强职业教育与普通教育沟通，为学生多样化选择、多路径成才搭建"立交桥"。

4）完善职业人才衔接培养体系

加强中高职衔接，推进中等和高等职业教育培养目标、专业设置、课程体系、教学过程等方面的衔接。探索对口合作、集团化发展等多形式的衔接方式。逐步扩大职业院校自主招生权和学习者自主选择权，形成多种方式、多次选择的衔接机制和衔接路径，充分发挥开放大学在中高职衔接中的重要作用。

1.3　成长过程与多样成才——思考"立交桥"贯通下的问题

遵循"政府推动、市场引导；加强统筹、分类指导；服务需求、就业导向；产教融合、特色办学；系统培养、多样成才"的基本原则，职业教育培养的是为国家经济发展做出重要贡献的技术技能型人才。但是职业教育的吸引力不够高，"立交桥"的融会贯通还需解决不同层次、不同类型人才的"入口"衔接、"出口"导向等诸多问题。当前职业教育还不能完全适应经济社会发展的需要，结构不尽合理，质量有待提高，办学条件有待加强，体制机制有待完善。

如果把现代职业教育体系比作"立交桥"，桥的设计包括：入口、出口、衔接、交叉、车道等设计要素。如果把学生比作在桥上行驶的车辆，车辆驾驶员需考虑的基本要素包括：车辆特点、行驶方向、行驶速度、赛车比赛、服务区、加油站、指示牌、兴趣岛等。表1.2列出了立交桥与职业教育体系的比喻对照。

"十年树木，百年树人"，质量是职业教育的生命。大学人才培养的周期一般为三到五年，传统的人才培养方案通常按周期调整。调整周期过长，对瞬息万变的市场反应明显滞后。

表 1.2 立交桥与职业教育体系的比喻对照

立交桥（职业教育体系）				
入口	出口	衔接	交叉	车道
中职、高职、高中	就业、深造	引桥，解决上桥需具备的基础知识和技能	培养模式的结构性差异设计	专业类别、方案规划设计
车辆驾驶员（不同类型的学生）				
车辆特点	行驶方向、速度	比赛、兴趣岛	服务区、加油站	指示牌
因材施教、分类培养、个性发展	职业生涯规划、课程集成	技能训练、实训实习、企业环节	职业素养、解决问题、学习动力	就业指导

1.4 新生事物与实时反馈——比较分析不同层次学生成长过程

学生成长过程的反馈是职业教育可持续发展的动力。因此研究职业教育立交桥贯通下的学生成长过程尤为重要，通过对不同层次、不同类型的学生的学习成长过程比较研究，跟踪学生的基本特点、学业情况、职业规划、职业精神、基本技能、高端技能等情况，实时地反馈给学校和企业，实现动态调整现代职业教育体系的人才培养过程，真正做到"分类培养，因材施教，学以致用，多样成才"，培养社会急需的应用技术技能型人才。表 1.3 列出了不同层次类型学生特点的比较，可以用来制定和调整所学内容及其比例。

表 1.3 不同层次类型学生特点比较分析

类型	入口	特点	培养思路	手段方法	出口
中职升本	中职	动手能力较强，理论基础弱	强化行业实践上的理论分析等课程集成	减少基本技能，增加衔接（如工程数学、实用英语等）	就业：不同层次应用技术技能型人才
高职升本	高职	动手能力强，理论基础较弱	面向行业需求，理论与实践综合实训	减少基本技能比例，增加高端技能	
高中升本	高中	动手实践少，理论学习多	理论基础上，强化行业实践技术技能的培养	减少课程集成比例，增加动手实践环节	深造：专业（工程）硕士

　　研究职业教育立交桥贯通下的"多样成才"学生成长过程，要通过对不同层次、不同类型的学生学习成长过程进行比较研究，跟踪学生的基本特点、学业情况、职业规划、职业精神、基本技能、课程集成、高端技能等情况，做好记录、比较、分析，实时地反馈给学校和企业，实现动态调整现代职业教育体系的人才培养过程，真正做到分类培养，因材施教，学以致用，培养适合社会急需的应用技术技能型人才。在"立交桥"贯通下"系统化"地培养应用技术技能型人才，就要求建立学生信息数据库，建立实时反馈机制，通过校企共育的有效途径，切实落实学生能力驱动、就业导向的教学模式，为人才培养保驾护航，做好全面的质量评价体系，具体的实施措施如下：

　　（1）信息采集：分类建立学生基本信息数据库，采集包括自我评估、学业情况、家庭情况、基本技能、个性特点等信息，构建个人反馈体系；

　　（2）职业规划：分层次进行职业规划、职业素养、就业指导等过程培养；

　　（3）桥梁衔接：分析比较学生课程集成的学习情况并分类汇总，重点分析中职升本学生的衔接课程内容学习效果，及时反馈给教师调整教学方案；

　　（4）技能培养：分析比较学生具备的基本技能，不断提升技术技能水平，扩充学生发展空间，为学生多样化选择、多路径成才奠定基础；

　　（5）校企共育：研究引入社会和企业的第三方评价机制，及时反馈，校企共育，以缩短学生适应社会的时间，满足企业的用人要求。

　　本书分别从多层次应用型人才贯通培养"立交桥"体系构建及一体化培养的课程体系设计、所在学院"中职升本"生源层次人才培养课程体系设计、各年级中职升本学生人才培养过程跟踪这三方面对"中职升本"生源层次学生人才培养过程进行跟踪。拟通过对部分学生在校期间的不同时期受教育情况及表现情况的跟踪，实时反馈学生的学习情况，及时调整培养过程，培养社会急需的应用技术技能型人才。

第2章 构建"一体化"培养体系，实践多层次应用型人才培养过程

2.1 研究基础与实践方案

2.1.1 改革基础和实施环境

桂林电子科技大学应用型本科教育自 1999 年开办以来，坚持以本科教育为主，加强理论与实践联系，紧密结合社会实践与市场需求设置专业、制定人才培养方案和教学计划，培养出了大批社会急需的应用型人才。桂电应用型本科毕业生就业率高，就业质量好，学生的综合素质也获得了用人单位的一致好评。根据国家海洋发展战略和北部湾发展战略，为更好地服务于经济与社会发展，学校在"十二五"发展规划中提出"优先发展与广西经济社会发展相关的学科，增设海洋类学科，筹建海洋学院"。2013 年 6 月，桂林电子科技大学与北海市人民政府正式签订合作协议，在学校北海校区成立海洋信息工程学院，开办应用型本科教育。

学院坚持以科学发展观为指导思想，遵循高等教育人才培养规律，结合学校的学科优势和办学特点，通过到中国海洋大学等 7 所国内同类兄弟院校、区内两个港口集团公司等单位的调研学习，并结合学院的实际，经过多次讨论，明确了办学定位和人才培养目标。学院将围绕国家海洋与航海事业的发展，为国家海洋与航海产业，特别是为北部湾的航海经济和海洋产业发展，提供强大的智力支持和人才支撑。学院将坚持"以专业为基础，以应用为导向，以能力培养为核心，全面提高学生素质"的原则，按照"重实践、强技能"，因材施教，培养面向海洋经济的电子信息特色突出的多规格、多层次，具有创新意识和实践能力的高级工程应用型人才。

2014 年 11 月 19 日下午，国家教育部副部长鲁昕在广西壮族自治区教育厅厅长秦斌的陪同下到桂林电子科技大学北海校区视察指导，对北海校区应用技术技能型人才培养提出了要求和希望，对北海校区中职升本、高职升本、高中升本"立交桥"式应用型技术技能型培养模式尤为关注；在实训中心车间，鲁副部长观

看学生现场操作,与学生进行亲切交谈,询问他们各自升本后的学习情况和感受,对应用技术技能型人才领域的顶层设计和探索给予了充分肯定,对下一步培养工作提出了指导性意见,并明确指出,要将桂电北海校区作为教育部应用技术技能型人才培养基地进行建设,要求把中职升本的学生信息做好数据库,从一入学就开始跟踪,跟踪学习过程、学习中遇到的困难、就业取向及将来就业后的可持续发展能力。图 2.1 中,鲁副部长观看中职升本学生现场操作,与 2013 级计算机科学与技术专业中职升本学生梁媛(女)、电子信息工程专业陈发成(男)进行亲切交谈,询问他们各自中职升本后的学习情况和感受。

图 2.1　教育部鲁昕副部长与桂电北海校区海洋信息工程学院中职升本学生亲切交谈

桂林电子科技大学于 2008 年在北海成立职业技术学院,培养高等职业技术人才;2013 年,成立海洋信息工程学院,培养应用技术技能型人才(职业本科)。学院的办学目标、办学定位及培养内涵如下。

办学目标:努力将北海校区建设成中升本、专升本、高升本等多层次贯通衔接的应用型技术技能人才培养基地。

办学定位:发挥桂电电子信息学科特色优势,以人为本,因材施教,多样成才,培养服务于海洋经济的电子信息类应用型技术技能人才。

培养内涵:应用技术技能型人才培养从四个层面构建培养体系,如图2.2所示。

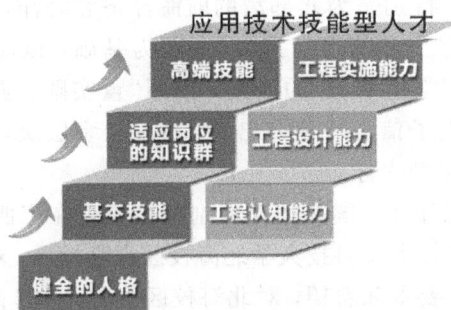

图 2.2　应用技术技能型人才培养的培养体系

桂电北海校区对应用技术技能型人才的培养，突出了电子信息类优势，创新实践基地提供了对学生课外实践动手能力培养的平台，如图 2.3 所示。

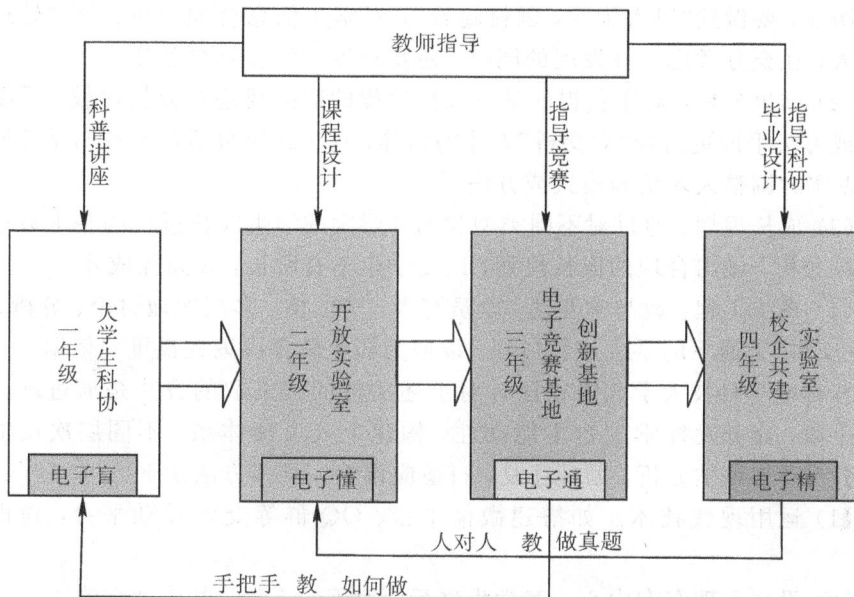

图 2.3　课外实践动手能力培养平台

桂电北海校区海洋信息工程学院 2013 级和 2014 级中职升本学生人数分布情况如表 2.1 所示。

表 2.1　中职升本学生人数分布情况

年级	各专业学生人数(人)			
	机械设计制造及其自动化	电子信息工程	计算机科学与技术	物流管理
2013	42	44	24	
2014	150		181	89

2.1.2　关键问题和思路探索

桂林电子科技大学北海校区以教育部《现代职业教育体系建设规划（2014—2020 年）》为指导纲要，根据学生的不同类型、不同层次建立数据库，为调整多样成才的人才培养模式和方法提供重要依据，为学生多样化选择、多路径成才搭建"立交桥"，提高学生就业创业能力，从根本上增强职业教育吸引力，为我国职教体系服务现代产业结构调整战略进行有效的探索和实践。其关键问题如下：

（1）信息分类：由于学生类型多、层次多，成长过程千差万别，结构性差异较明显，要做到"以人为本，因材施教"，对学生信息合理分析、分类处理难度较大，在充分考虑个性发展的同时，还要对各类信息分类汇总。

（2）结果分析：对于获得的学生成长过程的数据要进行分析比较，看哪种模式或方法手段更适合"立交桥"人才的培养，这个结果分析需要教与学共同完成，以实时调整人才培养模式或方法。

（3）成长规划：通过对不同类型和不同层次的学生成长过程的基本数据进行比较分析，做出合理的成长规划，以使学生学有所长，多路径成才。

（4）系统工程：教与学互动，全员育人，全方位、多层次地讨论、分析、论证"立交桥"贯通下的学生成长过程，以便为职业教育决策提供重要依据。

桂林电子科技大学北海校区针对上述关键问题采取的方法是通过现代化技术手段，充分发挥学生自主能动性，构建个人反馈体系、不同层次反馈体系，引入外来评估分析，循环往复，自适应调整。具体方法如下：

（1）运用现代技术。如搭建微信平台、QQ群等交流互动平台，建设数据库。

（2）设立心理咨询中心。对学生进行面对面、一对一的沟通交流。

（3）教学互动。开办师生座谈会、辅导答疑，开设专门课程衔接指导。

（4）全员育人。安排专职辅导员和专业辅导员，分别对学生进行职业规划和职业素养的培养。

（5）校企共育。把企业引进来，让课堂走出去。

"立交桥"贯通下的系统培养、多样成才的学生成长过程比较研究具有以下创新点及主要特色：

（1）由于学生类型多、层次多，因此学生多样成才是衡量职业教育的重要标准。通过对中职升本、高职升本、高中升本学生分类培养、分层实施、因材施教，使学生学以致用，成为应用技术技能型人才。

（2）目前对不同类型"多样成才"的学生成长过程的研究较少，现有的职教体系尚待完善，通过比较研究，可增强不同层次学生的就业创业能力。

（3）新生事物，实时评估。因为中职升本是新生事物，如果等待学生毕业后再来评估，明显滞后于社会需求，也会给职业教育的改革带来不确定影响，所以及时地做好学生成长过程记录和跟踪有着非常重要的意义。

根据《国务院关于加快发展现代职业教育的决定》的部署，加快发展现代职业教育，培养高素质的劳动者和技术技能型人才，对于创造更大人才红利具有十分重要的意义。通过对职业教育的不同类型和不同层次的学生"多样成才"

成长过程比较跟踪记录、调查分析、改进实施人才培养过程，形成一套衡量职业教育中三种类型学生的质量监控体系，构建中职升本等试点学生的全面信息数据库，探索职业教育学生培养体系，培养服务区域经济社会发展和产业结构升级需要，专业基础宽、实践能力强、职业素养好、能将以应用和实践为导向的科学研究成果应用和实施到经济社会中，在技术、经济与社会领域能够不断开发其跨专业行动能力的应用技术技能型人才。进而形成宝贵的信息库，并一直追踪学生的可持续发展能力。

2.1.3 实施计划和实践过程

"多样成才"学生成长过程比较的关键是建立全面的学生信息数据库，构建全面的质量评价体系。其中质量控制分为输入、过程、输出三个部分，如表2.2所示。

表 2.2 学生成长过程的质量评价体系

	输入质量控制	过程质量控制	结果质量控制		
	输入	成长过程	输出	转化	产出
内部（校内）	框架大纲；教与学的材料	教与学过程的设计与实施	学习结果；竞赛、考试；技能、证书；项目工作	确保在实践中的转化过程	可持续发展能力
外部（校外）	第三方评价				

实践的具体过程分五步走：

（1）以学生为本，调查分析，发现问题；

（2）分类指导，改进建议，初定方案；

（3）多样成才，改进实施，全面协调；

（4）市场引导，循环反复，动态调整；

（5）就业导向，分类比较，发挥优势。

桂林电子科技大学北海校区在进行以实施应用技术技能型人才"立交桥"培养为重点，探索"立交桥"贯通下的"多样成才"学生成长过程比较研究等实践的具体情况如下。

战略高度：桂林电子科技大学北海校区作为职业教育培养基地，教育部副部长鲁昕在亲自视察指导时曾对学校明确提出做好多样成才学生成长过程研究的要求。

制度保障：学校有一系列的职业教育人才培养措施和制度。

经费保障：学校围绕职业教育的改革做了分配制度改革，对于从事教学改革的人员给予大力支持，有专门的经费保障论文、论著、教材等的发表和出版，并提供参加研讨会的支持等。

学生生源：学校依托桂林电子科技大学的电子信息类专业优势，学生就业率一直不错，其中高职学生就业率98％以上，用人单位评价较高。有充足的优质学生生源保障。

人员保障：学校高度重视北海校区的应用技术技能型人才培养基地的建设，校长亲自抓教学改革，并完善体制机制问题，为人才培养"立交桥"的搭建做了大量工作；院长抓师资队伍建设和全面制度建设，项目组成员分别负责教学保障、实训保障、学生管理、企业反馈环节等工作；有从事学生管理和专业指导的专职辅导员和专业辅导员，专门跟踪学生成长过程；有专任教师、企业人员全程参与，能充分保证各项政策和措施的落实。

实施范围：桂林电子科技大学海洋信息工程学院（应用型本科、职业本科）从2013年9月开始招生中职升本学生110人，高中升本学生426人，2013级学生共536人；2014年9月招生中职升本学生420人，高中升本学生556人，2014级学生976人；2015级共招生1500人。学校第一步实施重点是中职升本学生、高职升本学生、高中升本学生；下一步逐步推广到中职升高职学生、高中升高职学生，目前职业技术学院在校生7000人。

推广价值：探索职业教育人才培养的发展规律，紧密结合广西的实际情况，预期能取得明显的改革成果，并具有推广价值。

作为应用技术技能型人才培养基地，桂林电子科技大学北海校区将具有示范效应，可将经验和成果辐射广西、乃至全国推广应用。

2.2　能力培养与体系设计

桂林电子科技大学海洋信息工程学院现有中职升本招生专业6个，分别为：机械设计制造及其自动化、机械电子工程、电子信息工程、计算机科学与技术、网络工程、物流管理，在校生为960人。学生普遍具有实践动手能力较强、理论知识基础较弱、意志力与责任感不强等特点。基于这些特点，学院在强化实践基础之上对一些分析、设计等理论知识进行了深度融入，以突出行业产业需要为思路，通过增加课程集成，降低基本技能比例，强化基础理论分析能力等方法进行课程体系设计，通过立体式的课堂教学模式、实训式的实践培养模式、渗透式的行为内化模式的构建，积极营造课内课外全方位育人环境，从而培养出具有一定创新能力、人际交往能力、团队合作精神、爱岗敬业精神、奉献服务精神、符合岗位需求的综合性应用型人才。

学院通过多层次应用技术技能型人才培养的"立交桥"体系，贯通不同层次间的一体化培养，打通了四个类型起点的"通道"，使分层次因材施教成为可能，四个素质层次培养及相应课程体系设计如表 2.3 所示。

表 2.3 四个素质层次培养及相应课程体系设计

编号	层次名称	课程设计目标	实现手段与方法
1	人格素养	1. 培养学生成为德智体全面发展的社会主义事业的合格建设者和可靠接班人； 2. 培养学生的人文素养和工程素养	1. 建立通识课课程群，实行模块化建设、思政类课程的模块化教学改革与实践等； 2. 突出人文社科综合素养的"工程师职业素养"项目的招标与建设； 3. 校园文化中引入企业文化
2	专业知识	专业基础类课程内容的集成： 1. 课程间理论和实践的集成； 2. 高等教育本身所需要的基础课程集成，如对数学、英语等课程进行集成，原则是数学、英语课程贵在精，够用即可； 3. 专业基础课程集成	1. 建立理实一体化专业基础课程群； 2. 进行基础课程教学思想的改革，突出应用基础的作用； 3. 加强教材建设，进行符合工程应用的"大学英语"、"高等数学"等重要课程的教材建设
3	基本技能	与中职课程全面衔接，打通中职、本科课程，强化与专业基础类课程及课程群相关的实习实践技术能力的培养，并融入企业课程	1. 企业现场进行课程教学； 2. 聘请企业专家完成专业基础课程教学任务。 3. 加强"计算机应用训练"等重要课程的教材建设
4	高端技能	高端技能融入企业课程； 1. 专业核心课程在"校中厂"中完成； 2. 高端技能培养的核心问题为：培养掌握工程设计转化成产品过程的监控型人才	1. 突出学生工程思维的培养，即：设计→工艺→操作→产品模式；突出工程能力转换，即：工程设计能力→转化产品的技能→产品实现的技能； 2. 完善并推动"厂中有校"、"校中有厂"的校企深度融合，促进实践效果

由表 2.4 可知，通过对四个素质层次即人格素养、专业知识、基本技能、高端技能的培养，可从总体上提升学生的职业素养和能力水平。通过不同的课程目标和实施方式方法支撑课程体系的设计，既保证了多层次应用型人才培养"立交桥"体系中各种类型相互贯通，又提高了多层次多类型下应用型人才培养的有效性。通过多层次应用技术技能型人才培养的"立交桥"体系，贯通不同层次间的一体化培养，打通了四个类型起点的"通道"，使分层次因材施教成为可能，四个素质层次培养过程如图 2.4 所示。

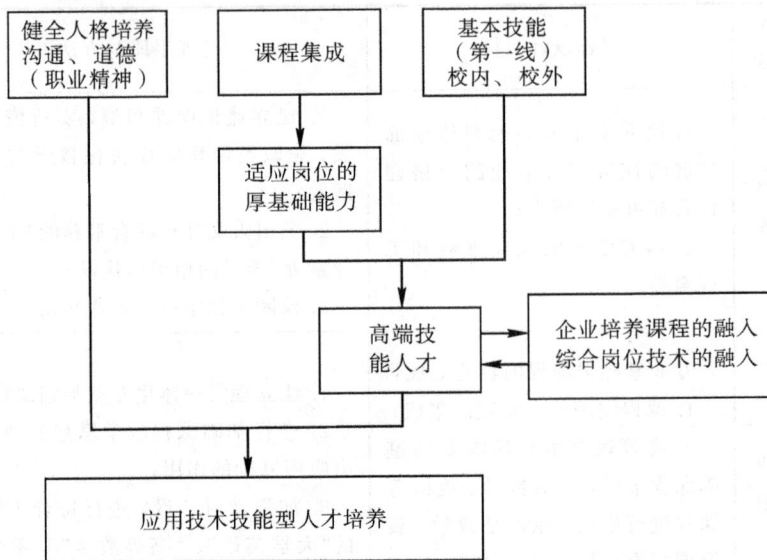

图 2.4　应用技术技能型人才四种能力素质的培养过程

2.2.1　职业素养能力：塑造健全人格

1. 思想政治教育

采用"思政理论课程教育＋课外主题活动教育"的课上课下相结合的形式对学生进行思想政治教育。学院的思政理论课讲授采用模块化教学模式，并采用现代信息技术，授课时运用多媒体课件、虚拟动画、系统仿真教学、翻转课堂等新型教学手段，激发学生善学、乐学、自学的积极性，加深学生对结构复杂、原理难懂知识的理解和迁移能力。实践也证明，现代多元化教学手段在模块化教学过程中的运用大大提高了中升本学生的学习效果。课下则以理想信念教育为核心，紧紧抓住爱国主义教育、民族精神教育、创新精神教育、社会主义核心价值观教育、中国梦、爱校教育等重要主题，组织同学广泛开展主题鲜明、内涵丰富、具有特色的主题教育活动。学院每月开展的主题教育活动及联合校外单位开展的形式多样的志愿者服务活动，都从不同方面、不同程度地使中职升本学生逐渐树立正确的理想信念，确立适合自己的发展目标，形成自尊自爱、理性平和、自强不息的良好心态。

2. 党团建设

中职升本学生的团员比例较低。刚入学时采集团员信息，部分学生表现出消极不配合的态度，甚至在是否落实团组织关系的问题上表现出无所谓的状态。经过团组织的动员和培养考察，中职升本的部分未入团学生端正了态度，积极提交入团申请书。班级团支部在开展团日活动的积极性上也有所提高。甚至有个别老团员由于表现积极进取，被吸收进了党组织。随着海洋信息工程学院办学年限的增长，学院学生组织在规模和数量上也逐年上升，各学生组织招新场面逐年火爆，与此同时，中职升本学生参加学生组织、担任学生干部的人数以及评优数量整体呈上升趋势。

3. 学风建设

中职升本学生入学理论基础差，且专业匹配性不高，加上脱离学习状态将近一年，各种不适应状态反映出一些自卑、厌学、学习无助的心理特点。为此，学院实行半军事化管理模式，要求学生参加早操、早读、晚自习。从早操、早读、晚自习出勤率的数据上看，第一个学期学生出勤率较好，第二个学期呈下滑趋势，到了第三个学期后基本稳定。经过半年至一年的摸索，中职升本学生基本能确定自身的学习目标，摸索出适合自己的学习方法，学业通过率也基本呈稳定状态。然而，学生退学现象也主要集中在第二、三学期，有些学生不能适应大学教育，克服不了环境适应难题，选择退学找工作或者创业。

2.2.2　工程认知能力：夯实基本技能

中职升本学生在大学入学前经历过岗位实习，其中不乏动手实践能力较强的学生。这些学生在专业认知、基础技能方面优于高中升本的学生，因此学院对中职升本的学生采取强化行业实践上的理论分析等课程集成的培养思路，在保证一定的实践教学的基础上，减少基本技能训练，增加课程衔接(工程数学、实用英语等)等内容。

2.2.3　工程设计能力：适应岗位的知识群

学院加大专业实践教学在人才培养计划中所占的比例，加大实践教学经费的投入，集中实践教学环节达到 50 个学分以上，实践教学学分比例达到了总学分的 40% 以上，表现在第三个学期以后实训实习课课时增加，目的是增强学生的职业适应性与竞争力。除了课程上加大难度外，学院还鼓励中职升本学生积极参加各种相关学科竞赛，鼓励其入驻创新创业基地进一步提升动手能力。从统计数据上来看，中职升本学生在学科竞赛上的获奖人数呈逐年上升趋势。

2.2.4 工程实施能力：培养高端技能

按照教学培养方案，学生第六个学期后会走上实习岗位，将所学知识和实践经验运用到具体工作岗位上，以检验所学知识和技能是否能充分支撑其工程实施能力。

2.3 课程集成与课程体系

2.3.1 课程集成

桂林电子科技大学海洋信息工程学院坚持课程内容与职业标准对接，课程内容与各层次培养目标的专业体系对接；创建新型多层次课程集成教学体系，突出培养学生服务社会与行业的工程应用能力；根据人才培养在知识、素质、能力方面的要求，引入社会、企业参与，优化课程配置，整合教育教学内容，进行创造性地搭建工程应用技术本科人才培养的宽口径"基础教学模块"和应用特色突出的"专业课程核心课程模块"的课程体系。

同时，桂林电子科技大学海洋信息工程学院围绕应用技术技能型本科人才培养的技能需求开设综合课程，并实现交叉内容融合后各层次内容的系列化、模块化。这些体现知识性和技能性相结合的课程体系，以相互关联的模块实现相关课程的有机融合与贯通。

2.3.2 课程体系

中职升本、高职升本及高中升本是桂林电子科技大学海洋信息工程学院三个不同层次的生源，不同生源的学生各有其鲜明特点：中职、高职升本学生接受过2～3年的职业教育，专业技能及实践动手能力较强，但理论知识略显薄弱，特别是中职升本学生，未经历过高中教育，数学、英语等基础课程理论水平较低；高中升本学生接受过高中三年的系统教育，理论基础较为扎实，但专业技能基础为零。针对三种不同层次的生源，北海校区明确提出了"创建新型多层次课程体系，分层次因材施教"的教学改革之路，探索在现代职业教育背景下搭建多层次应用型人才贯通培养的"立交桥"体系。北海校区根据"立交桥"里"中升专"、"普升专"、"中职升本"、"专升本"、"高中升本"各层次不同人才的培养起点，采用不同的培养思路，实施不同的手段方法，实现了应用技术技能型人才的培养目标，学生最终都能以不同的就业定位迈出职业生涯的第一步或选择继续深造，进一步充实提高自己。

表 2.4 为桂林电子科技大学北海校区搭建的多层次应用技术技能型人才培养的"立交桥"体系结构。

表 2.4　多层次应用技术技能型人才培养的"立交桥"体系结构

多层次培养类型构建立交桥体系的过程					立交桥实现目标	培养出口	
序号	层次类型	生源	特点	培养思路	实施手段与方法		就业岗位	继续深造
1	中职升专	中职	实践动手能力强，理论基础弱	强化基础理论，提高专业分析设计能力，突出行业产业需要	增加课程集成，降低基本技能比例，强化基础理论分析能力	应用技术技能型人才	应用技能人才——技工	应用型本科 工程硕士
2	高中升专	高中	理论基础好，实践能力需要系统加强	强化实践基础能力训练，突出行业产业需要	增加课程集成，提高技能训练		应用技能人才——技师	
3	中职升本	中职	实践动手能力强，理论基础弱	强化实践基础上的理论分析设计等知识融入，突出行业产业需要	增加课程集成，降低基本技能比例，强化基础理论分析能力		应用技能人才——高级技师	
4	专升本	高职	实践动手能力较强，理论知识基础较弱	理论与实践的全方位结合，突出行业产业需要	课程集成，减少基本技能比例，增加高端技能		工程应用人才——现场工程师	工程硕士 工程博士
5	高中升本	高中	理论基础好，实践能力需要系统加强	理论知识学习基础上，强化实践应用能力的培养，突出行业产业需要	降低课程集成，提高技能训练比例约10%		工程设计人才——设计工程师	

第3章 中职升本学生成长过程跟踪研究

3.1 采集学生基本信息

1. 招生基本情况

2013 年，桂林电子科技大学成为广西壮族自治区首批开展本科对口自主招收中等职业学校毕业生试点工作的高校之一，海洋信息工程学院结合自身应用型本科人才教育培养的优势和专业特色，分机械设计制造及其自动化、电子信息工程、计算机科学与技术三个专业共计划招收中职升本学生 134 人，实际报到 116 人，报到率为 86.6%。其中机械设计制造及其自动化专业学生 45 人，电子信息工程专业学生 46 人，计算机科学与技术专业学生 25 人，学生基本信息见表 3.1。

表 3.1　2013 级中职升本学生基本信息

专业	总人数/人	性别				年龄			生源地
机械设计制造及其自动化	45	男生		女生		年龄层次/岁	人数/人	比例	广西
		人数/人	比例	人数/人	比例	17~19	24	53.3%	
		38	84%	7	15.6%	20 岁以上	21	46.7%	
电子信息工程	46	男生		女生		年龄层次/岁	人数/人	比例	广西
		人数/人	比例	人数/人	比例	17~19	26	56.5%	
		39	84.8%	7	15.2%	20 岁以上	20	43.5%	
计算机科学与技术	25	男生		女生		年龄层次/岁	人数/人	比例	广西
		人数/人	比例	人数/人	比例	17~19	20	80%	
		15	60%	10	40%	20 岁以上	5	20%	

从表 3.1 可知，2013 年中职升本学生生源全部来自广西，其中女生人数为 24 人，所占比例为 20.7％，明显高于同专业高中升本 12.5％的女生人数比例；年龄层次方面，17～19 岁的共 70 人，仅占中职升本学生总人数的 60.3％，而 20 岁以上的人数为 46 人，所占比例为 39.7％，相同专业高中升本学生的相应两项数据分别为 67.5％和 32.5％，总体来讲，中职升本学生年龄偏大，女生偏多。

2. 学生退学情况

截止到 2015 年 12 月，2013 级中职升本学生先后共有 11 人退学，退学率为 9.4％。退学原因主要为厌学、学习意志不坚定，工作意愿高于读书。

3.2　分析学生主要特点

1. 中职专业背景多样化

由于各中职学校专业设置与本科院校专业设置的差异性，海洋信息工程学院 2013 级中职对口招生的生源有着多样化的中职专业背景。机械设计制造及其自动化专业中职升本生源涵盖了汽车检测与维修、模具设计与制造、机电技术应用等 8 个中职专业（见图 3.1）；电子信息工程专业中职升本生源包括电机电器制造与维修、电子电器应用与维修、电子电器等 8 个中职专业（见图 3.2）；计算机科学与技术专业中职升本生源有计算机及应用技术、计算机网络应用等 6 个中职专业（见图 3.3）。专业背景的多样化，造成了中职升本学生知识结构的差异，也对本科阶段的教育教学提出了更高的要求。

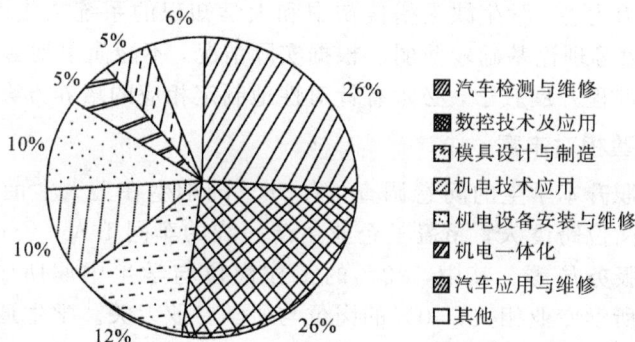

图例：
- 汽车检测与维修
- 数控技术及应用
- 模具设计与制造
- 机电技术应用
- 机电设备安装与维修
- 机电一体化
- 汽车应用与维修
- 其他

注：其他包括电梯专业、电子电气应用与维修专业、电子商务专业

图 3.1　2013 级机械设计制造及其自动化专业学生入学前所学专业情况

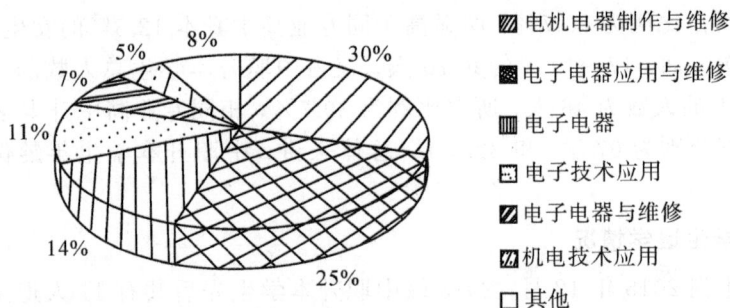

图 3.2 2013 级电子信息工程专业学生入学前所学专业情况

注：其他包括电工与电子、电气设备应用与维修、电梯、汽车应用与维修

图 3.2 2013 级电子信息工程专业学生入学前所学专业情况

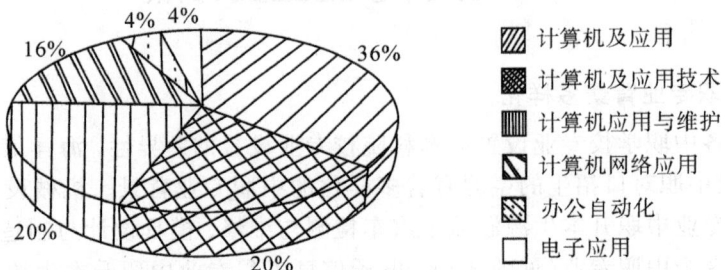

图 3.3 2013 级计算机科学与技术专业学生入学前所学专业情况

2. 理论基础相对薄弱

中职升本学生初中毕业后，直接进入中职学校学习，中专文化课学时少，以培养实践能力为主，学生缺乏衔接初中和大学知识的系统文化课程的学习，因此数学、英语等理论基础较薄弱。根据实际情况，不能简单地套用原有的本科教学材料和课程开展教学，必须有针对性地制定相应的培养方案。

3. 工作经验相对丰富

根据对中职升本学生的问卷调查，有 78% 的学生在上大学前有过工作经历，而且工作岗位跨度大，涵盖了企业生产一线的车间工人、公司经理助理、销售员、餐厅服务员等。其中，22% 的工作岗位与学生中职所学专业对口，38% 的岗位与所学专业相关，40% 的岗位与所学专业无关。学生通过工作，积累了一定的工作经验和社会阅历。

4. 动手实践能力较强

我国中等职业教育的目标是培养具有综合职业能力，在生产、服务一线工作的高素质劳动者和技能型人才，其培养目标定位决定了教育教学措施将侧重于学生技术技能方面的培养。学生在中职学习期间，考取了各类技术技能证书，参加过各种级别的技术技能大赛；在实习工作期间，积累了一定的工作经验和社会阅历，对企业一线生产情况有了更直观的认知，实践能力、专业技能得到了锻炼和提高。

3.3　修订人才培养方案

针对 2013 级首届中职升本学生专业背景多样化、理论基础薄弱、工作经验丰富、实践能力突出的特点，为避免简单套用原有本科专业培养方案导致学生学习的兴趣和信心受挫，学院立足于中职业升本学生的实际，进行改革创新，因材施教，探索适宜中职升本学生的人才培养方案。从健全人格的塑造、适应岗位的知识群、基本技能的教学、高端技能培养四个方面，逐步形成具有自身特色的中职升本学生培养方案。

1. 健全人格的塑造

通过有计划、逐层递进开设"思想道德与法律基础"、"形势与政策"、"马克思主义基本原理"、"职业生涯与规划"、"毛泽东思想与中国特色社会主义理论体系概论"、"就业指导"等公共必修思政课，将爱国主义教育、大学文化、健康人格塑造、意志品质锤炼融入课堂教学中，提高学生的思想政治水平，逐步树立远大志向，提高自我管理、自我约束能力，培养健全人格。

2. 适应岗位的知识群

结合中职升本学生学习基础，以工程应用为导向，将部分必修科目进行调整。以电子信息工程专业为例，在中职升本学生的培养计划中，基础必修课部分，不安排学习难度较大、不常用手工演算的复变函数课程，从而降低学生的基础必修课学习门槛。再如机械设计制造及其自动化专业，则安排高中升本、中职升本学生分别学习"工程图学"和"工程制图"两门不同的基础课，两者的区别在于"工程图学"涉及的范畴更广，对抽象思维的要求更高。

3. 基本技能的教学

结合中职升本学生技术技能方面的特长，在已有的高中升本学生培养方案的基础上，在保证理论教学的同时，通过增加必修课中实验、实训环节及实践环节的学时，充分发挥中职升本学生的自身优势，激发其学习兴趣，在应用技术技能的同时，产生连带效应，扩展专业知识面，逐步提高其理论学习水平。

分别针对不同专业学生制定了专门的人才培养方案：2013 机械设计制造及其自动化专业(中职升本)人才培养方案，2013 电子信息工程专业(中职升本)人才培养方案，2013 计算机科学与技术专业(中职升本)人才培养方案。

4. 高端技能的培养

将高端技能融入企业课程；使专业核心课程在"校中厂"中完成。高端技能培养的核心问题就是培养掌握工程设计转化成产品的整个过程的监控型人才。突出培训学生的工程思维(即：设计→工艺→操作→产品方式)以及对应工程能力的转换(即：工程设计能力→转化产品的技能→实现产品的技能)；对学有余力的同学培养高端技能。

3.4 实时跟踪培养情况

1. 第一学期

1) 学生表现情况及分析

(1) 人格的塑造。

① 学生学习心态的表现及分析。

中职升本学生因文化课基础薄弱(尤其是英语、数学)，且脱离系统学习状态将近一年，在学习上反映出一些自卑、厌学、学习无助等心理特点。结合这些问题，以谈话的方式对 2013 级中职升本学生的思想动态进行了解，表 3.2 是受访学生回答问题的情况。

表 3.2　2013 级中职升本学生谈话情况

相对于中职院校的教学方式，大学的教学方式是否令你很难适应	是的，非常难适应	18%
	是的，但是经过一段时间后我就适应了	26%
	有一点点不适应，但很快就好了	30%
	没有不适应	26%
你认为造成你感觉课堂不适应的主要原因是	自己的学习方式或心态没有调整好	25%
	老师的授课方式和中职院校大不一样	13%
	两者都有	25%
	其他原因	13%

续表

	请教老师	7%
当你遇到学习上的困难时， 你一般会	请教同学，和同学讨论	66%
	自己看书，找资料解决	22%
	跳过，怀侥幸心理，认为考试不会考到	5%
你分析你在课程学习上遇到 困难是因为	学习基础薄弱	66%
	没有适应大学的学习方式	4%
	课程本身难度大	5%
	自己没有认真学	18%
	其他	7%

由表 3.2 可知，仅有 18% 的学生对大学的教学方式感到难以适应，其余学生对于大学的教学方式还是能够适应的。在对大学课堂感到不适应的学生中，有 75% 的学生将不适应的原因归咎于自己的学习方式或心态没有调整好及老师的授课方式和中职院校不同这两个原因。而当学生在学习上遇到困难时，有超过半数的学生认为是由于自己学习基础薄弱所导致的。

② 思想主题教育情况及分析。

中职升本学生因受教育文化程度低，较早走上工作岗位，个人的思想素养没有得到系统地指引和辅导，很多学生较多表现出行为个人化、他人无关化的思想状态。而且大多数中职升本学生升本就读的目的是拿到本科文凭，对个人思想修养的提高没有足够重视，在他们的认知里，思政教育课程枯燥乏味，上课仅是为了修够学分。而且部分中职升本学生有社会实习经验，在入学时或多或少带有一些不良社会习气。学院在主题教育上开展的专题教育、讲座只有 1 次（"中国梦"主题讲座）。

③ 干部经历、文化活动参与情况及分析。

2013 年广西首次开放中职升本的政策。政策提出，2013 届的中职院校毕业生可经过学校推荐和相关考试上本科。这一政策使得北海区的中等职业教育首次和本科教育贯通。这批学生刚入学的时候大部分对于新鲜事物都是很感兴趣的，对大学生活有着积极的憧憬，表现欲望较强，尤其对参选学生干部、参与社团活动的积极性比较高。但是因为学院刚成立，第一学期还没有建立起完整的学生干部队伍，只是解决了各班的班委组成，每个班的干部配备基本上人数一致。因学院层面的学生组织没有成立，学院资源配备还没有完善，本学期只开展了 2 场文化活动，但是中职升本学生参与度与高中升本学生的参与度差距不大。图 3.4 表示 2013 级第一学期中职升本与高中升本学生参与文化活动的对比。

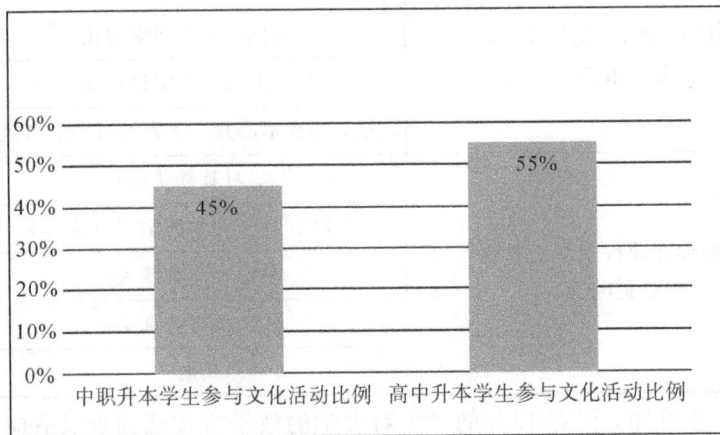

图 3.4 2013 级第一学期中职升本学生与高中升本学生参与文化活动对比

④ 学风建设。

学院以"军事化管理元素融入养成教育"为理念，实行半军事化管理。根据学院的实际情况制定了《桂林电子科技大学海洋信息工程学院学生早锻炼、早读、到课率、晚自习、晚归寝、宿舍内务管理暂行规定》，全天全程管理学生早操、早读、上课考勤、晚自习。如图 3.5 所示，从统计数据上看，中职升本学生的出勤率比高中升本学生的出勤率稍高。

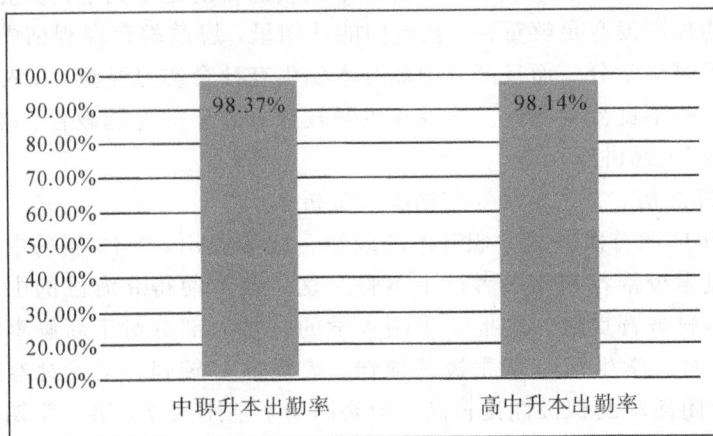

图 3.5 2013 级第一学期中职升本学生与高中升本学生出勤率对比

（2）适用岗位知识群的掌握程度。

第一学期主要开设"高等数学 A I"、"大学英语 I"、"C 语言程序设计"、"程序设计与问题求解"、"计算机科学与技术专业"等几门必修课，通过课程内容、教授方式方法衔接中职教育，为学生大学阶段的学习打下基础。

中职升本学生在学习以上课程时，表现出明显的不适应，数学方面只能掌握自然数的加减乘除运算，英语学习需要从 26 个英文字母开始教授，理解能力不够，同一内容需要反复讲解。学院根据实际情况，调整教学，在课堂教学中补充相关的基础知识，这在一定程度上影响了正常教学的进度。最终，三个专业"高等数学 A I"不及格率为 15.5%，"大学英语 I"不及格率为 16.3%。

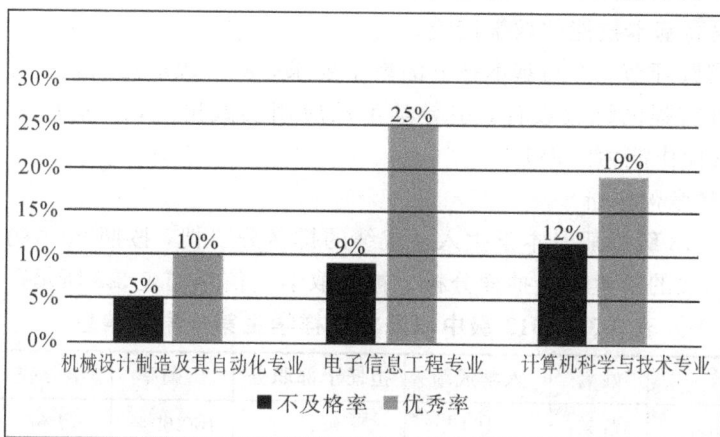

图 3.6　2013 级各专业中职升本学生第一学期理论课程成绩情况

从图 3.6 可知，中职升本学生中有部分学生能够很快地适应大学的学习，取得较好的成绩，尤其是电子信息工程专业学生理论考试成绩优秀率达到 25%。同时，存在小部分学生因为学习跟不上，在大学的第一个学期就出现不及格的情况。

（3）基本技能的掌握情况。

本学期在操作环节仅开设了"C 语言程序设计实验"课程，在该课程的学习上中职升本学生表现出两种不同的情况。在中职学习期间修过 C 语言课程的学生，学习起来得心应手；但大部分学生入学前没有接触过 C 语言，出现理论学习困难、实验课程学习吃力的情况。以电子信息工程专业为例，该门课程不及格率达到 21.7%。

2）采取措施

（1）健全人格塑造方面的措施。

① 定期开展中职升本学生座谈会，了解学生所思所想，解决学生遇到的

实际困难，并根据实际情况调整教育教学措施。

② 针对中职升本学生因学习困难而出现的厌学、迷茫心态，对他们进行心理疏导，帮助他们调整学习心态，引导他们树立自信心，克服学习困难。

③ 创新思政理论课教学方式，采用模块化教学，由学校领导牵头、亲自授课，同时增加课外主题思想教育活动。

（2）促进掌握适用岗位知识群的措施。

调整教学内容，做好高等数学、大学英语课程与基础知识内容的衔接，强调学习本专业的应用数学、应用英语。

（3）提高基本技能的教学措施。

围绕实践环节，提高基本技能的教学要求，从工程应用出发，通过安排简单的实用性较强的课程设计，引导学生从应用实践出发，带动理论学习的同时，促进其操作能力的提升。

3）抽样案例分析

根据 2013 级中职升本学生入学成绩的排名分三档，按照 20％的比例平均抽取三个档次的学生进行抽样分析。被抽取学生信息如表 3.3 所示。

表 3.3 2013 级中职升本抽样学生第一学期信息

学号	姓名	入学成绩	担任干部职务	出勤率	学分绩	备注
1316010302	黄某	194	班长	100.00％	71.66	
1316010307	吴某	173	无	97.62％	71.45	
1316010318	赖某	111	无	98.02％	70.34	
1316010324	梁某	150	无	100.00％	58.97	
1316010326	卢某	137	团支书	100.00％	55.59	
1316010329	宁某	235	无	99.60％	83.17	
1316010332	宋某	121	体育委员	100.00％	70.55	
1316010334	覃某	247.6	学习委员	100.00％	89.14	
1316010336	小覃	159	无	100.00％	57.34	
1316030404	蒙某	196	生活委员	100.00％	85.17	
1316030408	张某	132	无	99.60％	74.70	
1316030412	陈某	172	班长	100.00％	66.17	
1316030433	廖某	162	无	100.00％	77.57	
1316030440	苏某	222	无	100.00％	45.67	

续表

学号	姓名	入学成绩	担任干部职务	出勤率	学分绩	备注
1316030445	杨某	118	无	99.60%	50.53	
1316030446	翟某	192	无	99.60%	72.17	
1316030452	朱某	171	无	94.84%	74.10	
1316030453	祝某	117	无	84.52%	52.37	
1316040301	小陈	167.6	副团支书	100.00%	78.01	
1316040309	韦某	235.2	班长	100.00%	88.16	
1316040313	甘某	135	无	56.10%	43.90	
1316040314	何某	153	无	94.05%	48.49	
1316040322	刘某	223	学习委员	100.00%	81.17	
1316040327	小张	148.6	副班长	99.60%	74.78	

从抽样的学生数据来看，2013 级中职升本的学生刚入学虽然绝大部分能保持良好的学习热情，但因为基础参差不齐，所以学分绩体现出来的成绩也因人而异。在所有学生中，计算机科学与技术专业的甘某出勤率最低，学分绩也是最低的。电子信息工程专业的苏某虽然入学成绩是班级第一，但是经过一个学期，成绩已经滑落至专业末位；而机械设计制造及其自动化专业的赖某入学成绩很低，但是学习热情保持得不错，成绩处于中等偏下水平。

2. 第二学期

1) 学生表现情况及分析（突出与上一学期的情况比较，体现教改措施的效果）

（1）思想引领。

① 学生学习心态的表现及分析。

经过一学期的适应和培养，以及有针对性地对学生进行思想教育、心理疏导，中职升本学生已经逐步养成自主学习的习惯，具备了一定的自学能力。根据抽样调查数据，17%的学生有课前预习的习惯，另有 71%的学生偶尔也会有意识地预习课程内容，超过 95%的学生上课会做笔记。在关于"老师讲解知识时，您最看重哪一方面？"这一问题的回答中，有接近 50%的学生期望通过老师的授课拓展自己的思维，有 11%的学生关注老师所讲解知识的深度。

② 思想主题教育情况及分析。

思想政治理论课程（公共必修课）采用模块化教学方式，邀请不同专家学者教授来给学生上课，和学生分享不一样的人生体会和经历，让学生每节课接触不同的老师,感受不一样的上课风格,把课程打造成为体验式课程。思想政治理论课的改革,让学生不再对这些课程产生排斥和抵触的心理。增加课外主题教育活动后,学生不再单一地接受思想理念教育,而是发挥主观能动性,积极主动地树立正确的世界观、人生观和价值观。图 3.7 和图 3.8 分别表示了 2013 级中职升本学生第一学期与第二次学期参加课外主题教育活动次数对比及人数比例对比。

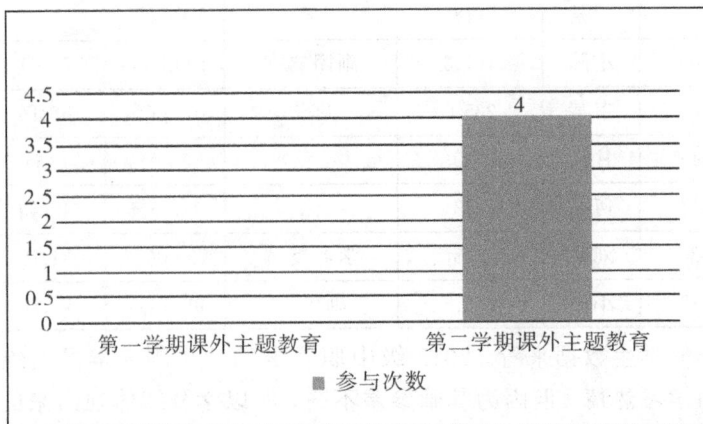

图 3.7 2013 级中职升本学生第一学期与第二学期参加课外主题教育活动次数对比图

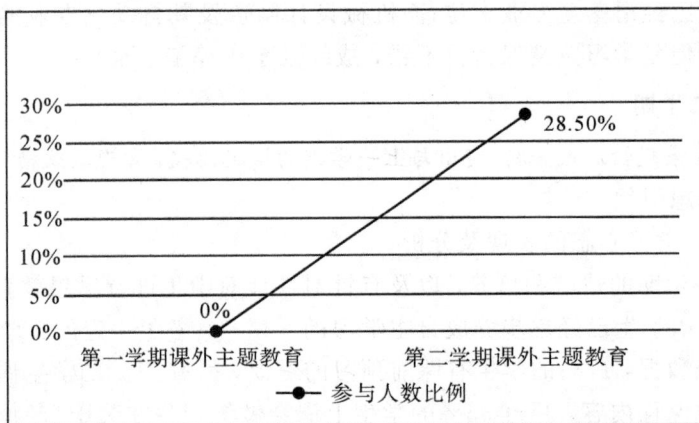

图 3.8 2013 级中职升本学生第一学期与第二学期参加课外主题教育活动人数比例对比图

③ 干部经历、文化活动参与情况及分析。

经过了第一学期的"新鲜期",中职升本学生参加学生组织及文化活动的积极性有所降低。由于这个类型学生的意志力普遍不强,因此在遇到更大任职挑战时容易选择退缩。以团委学生会选举大会为例，中职升本的学生普遍表示不敢站在讲台上面向上百个学生代表发言；再加上高中升本学生的综合素质水平越来越明显，优胜劣汰的竞争方式让部分中职升本的学生望而生畏。同时，本学期共开展了 9 场校园文化活动。图 3.9 所示为 2013 级第二学期学生干部比例。

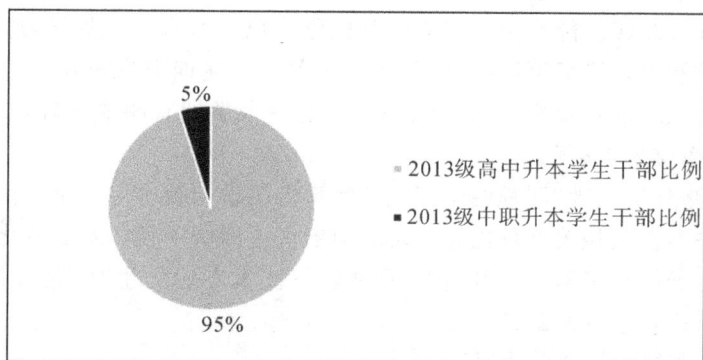

图 3.9　2013 级第二学期学生干部（院团委学生会）比例

④ 学风建设。

随着课程的增加，大部分中职升本学生表示白天学习任务重，晚间学习精力难以集中，因此上晚自习的积极性有所下降，甚至有人提出取消晚自习。大部分学生迫于考勤的压力，还是会到晚自习教室，但是学习效果不佳。图 3.10 所示为 2013 级中职升本学生第一学期与第二学期出勤率对比。

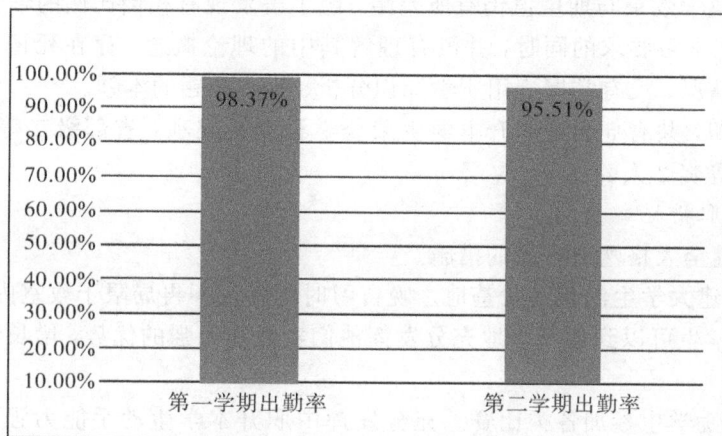

图 3.10　2013 级中职升本学生第一学期与第二学期出勤率对比

（2）适用岗位知识群的掌握程度。

本学期继续开设"大学英语"、"高等数学"、"线性代数"等基础课程，在此基础上，机械设计制造及其自动化专业开设了"工程制图"，电子信息工程专业和计算机科学与技术专业开设了"电路分析基础"专业基础必修课，逐步建立其岗位知识群的外围架构。

与上一学期相比，通过加强学习，学生面对大学英语、高等数学的学习，总体情况有所好转。部分学习能力较强的学生已能掌握一定的学习方法，具备一定的自学能力，甚至可以指导其他同学学习。在期末考试中，三个专业的"高等数学 A II"的不及格率为 9.82%，较上一个学期有明显下降，"大学英语 II"不及格率仅为 1.8%。

在"电路分析基础"课程的学习上，计算机科学与技术专业学生由于原有的知识构成并不涉及相关课程内容，大范围出现上课听不懂，无法消化课程内容的情况。电子信息工程专业和计算机科学与技术专业学生"电路分析基础"课程的不及格率，达到了 28.16%。

（3）基本技能的掌握情况。

为巩固专业基础知识，本学期各专业安排相应的实验、实训环节。机械设计制造及其自动化专业在"工程制图"课课内安排 24 学时的课程实践，同时开设工程制图实训。电子信息工程专业安排了独立的"数据结构与算法实验"、"电路分析基础实验"课，并开设为期两周的机械工程训练课，以保证学生所学知识有发挥的空间，以巩固理论学习成果，锻炼学生灵活运用所学知识的能力，以提高专业基本技能素养。

实际教学效果与期望值仍有所差距，经了解发现有相当比例的学生在完成实验、实训学习要求的同时，并没有理解其中的理论概念，存在死记硬背、盲目模仿的情况，没有掌握运用所学知识分析、解决问题的本领。

本学期，共有 5 名中职升本学生荣获学科竞赛奖项：省部级二等奖 3 人，省部级三等奖 2 人。

2）采取措施

（1）健全人格塑造方面的措施。

① 筹建大学生创新实践基地。晚自习时间学生不再局限于教室内的学习，中职升本学生可以到创新基地充分发挥他们实践能力强的优势，增长学习的自信心。

② 鼓励学生参加各类比赛。充分发挥中职升本学生动手能力强、社会经历丰富的优势，鼓励和指导学生参加各类比赛，以赛促学，既能使学生在比赛中巩固所学知识、学习新技能，又能提高学生的综合素质。

③ 倡导学生到学生社团组织中锻炼。在社团任职方面，鼓励中职升本学

生避开竞争大的院级学生社团组织，加入到能发挥自身所长的小社团进行锻炼。

（2）促进掌握适用岗位知识群的措施。

由于大学所学内容的深度、广度都达到了一个相当的高度，对于缺乏高中系统性学习训练的中职升本学生，教学侧重于重点难点的讲解和知识脉络的梳理，将知识有机整合再分模块进行教授。

（4）提高基本技能的教学措施。

采用多样的教学方式和手段，改变一味"填鸭"式的教学，在培养基本技能的过程中，结合教学过程中的问题，引导和启发学生多思考，逐步培养其结合所学分析问题、解决问题的能力。

3）抽样案例分析

根据 2013 级中职升本学生入学成绩的排名分三档，按照 20％的比例平均抽取三个档次的学生进行抽样分析，分专业对抽样学生第一、第二学期学分绩和出勤率进行比较，如图 3.11～图 3.16 所示，表 3.4 列出了这些学生第二学期的信息。

表 3.4　2013 级中职升本抽样学生第二学期信息

学号	姓名	担任干部职务	出勤率	学分绩	备注
1316010302	黄某	班长	99.21％	77.58	
1316010307	吴某	无	90.08％	70.94	
1316010318	赖某	无	99.60％	65.97	
1316010324	梁某	无	100.00％	75.53	
1316010326	卢某	团支书	98.81％	71.08	
1316010329	宁某	无	100.00％	89.93	
1316010332	宋某	体育委员	100.00％	79.98	
1316010334	覃某	学习委员	100.00％	83.92	
1316010336	小覃	无	98.41％	64.94	
1316030404	蒙某	生活委员	100.00％	79.02	
1316030408	张某	无	100.00％	78.32	
1316030412	陈某	学生会体育部副部长	100.00％	70.05	
1316030433	廖某	无	100.00％	75.49	

续表

学号	姓名	担任干部职务	出勤率	学分绩	备注
1316030440	苏某	无	100.00%	39.46	
1316030445	杨某	无	84.52%	63.57	
1316030446	翟某	无	98.02%	66.08	第五届"蓝桥杯"全国软件和信息技术专业人才大赛省部级三等奖
1316030452	朱某	无	69.05%	70.28	
1316030453	祝某	无	55.95%	58.69	
1316040301	小陈	副班长	100.00%	79.99	
1316040309	韦某	年级团总支书	100.00%	82.86	
1316040313	甘某	无	46.43%	32.72	
1316040314	何某	无	85.71%	63.16	
1316040322	刘某	宣传委员	83.33%	75.62	第八届广西高校计算机应用大赛省部级二等奖
1316040327	小张	班长	84.52%	70.72	

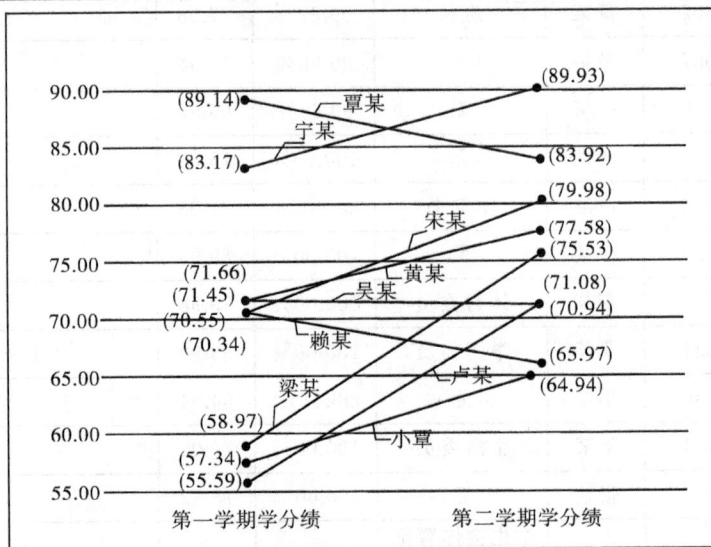

图 3.11　2013级机械设计制造及其自动化专业中职升本抽样学生第一、第二学期学分绩变化情况

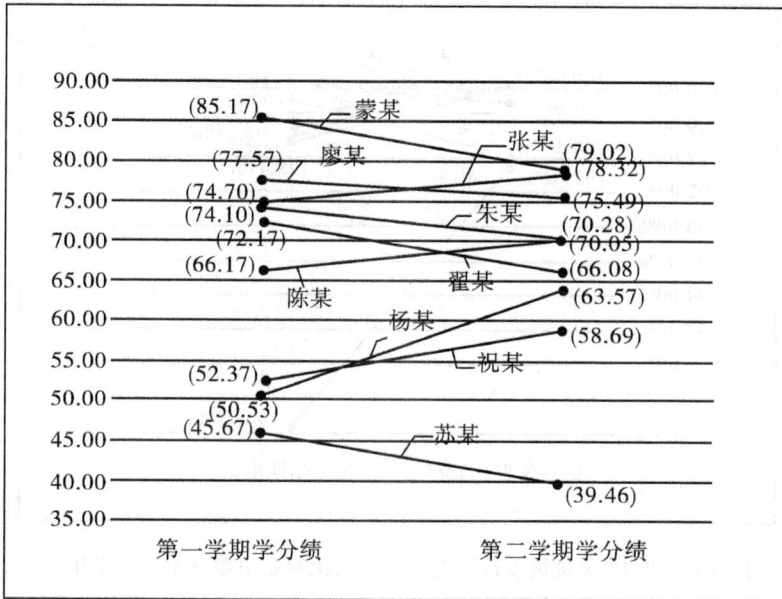

图 3.12 2013 级电子信息工程专业中职升本抽样学生第一、第二学期学分绩变化情况

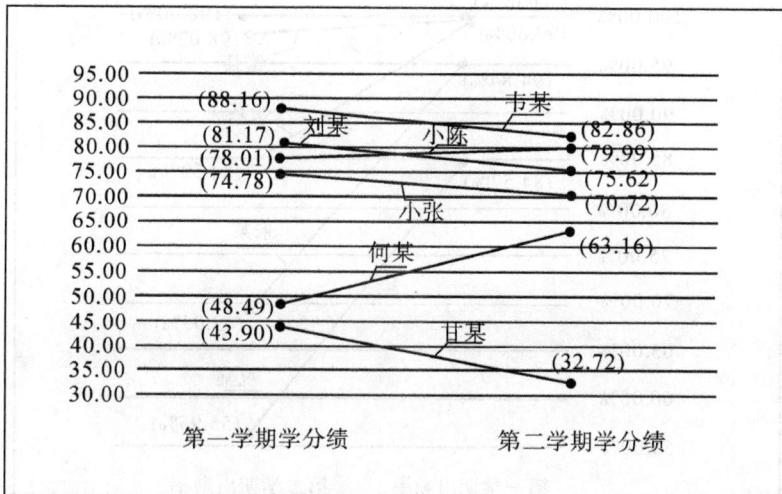

图 3.13 2013 级计算机科学与技术专业中职升本抽样学生第一、第二学期学分绩变化情况

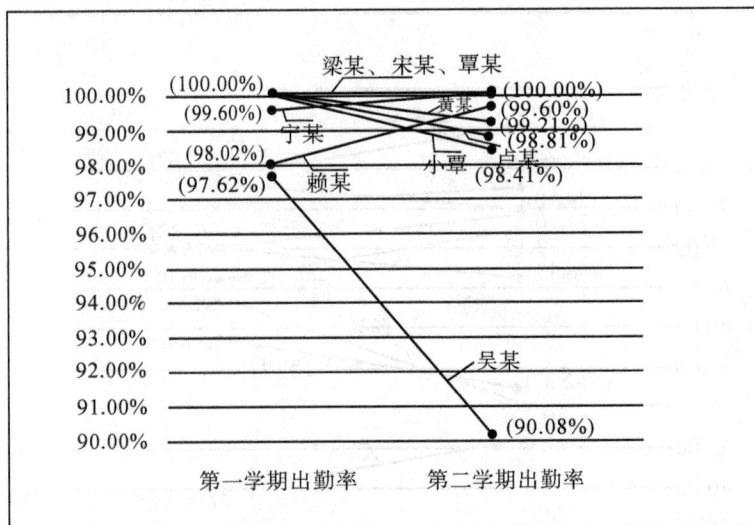

图 3.14　2013 级机械设计制造及其自动化专业中职升本抽样学生第一、
第二学期出勤率变化情况

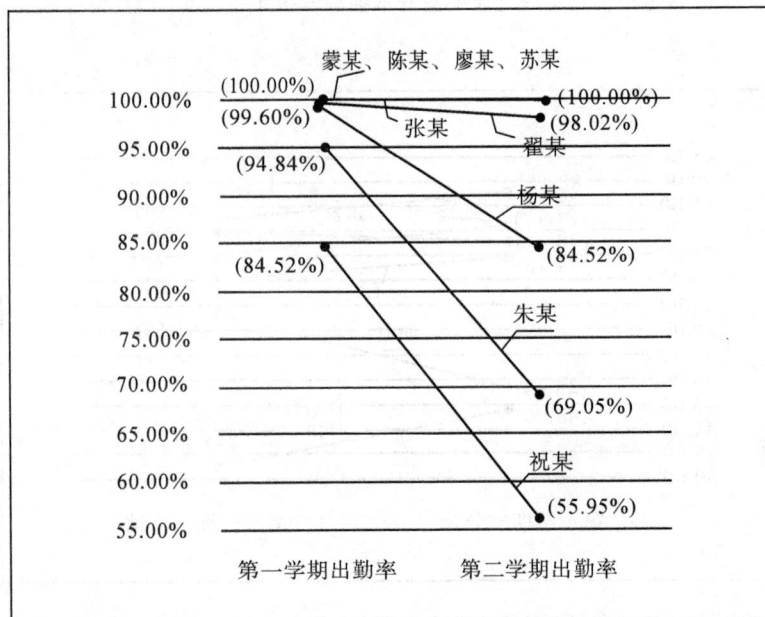

图 3.15　2013 级电子信息工程专业中职升本抽样学生第一、第二学期出勤率变化情况

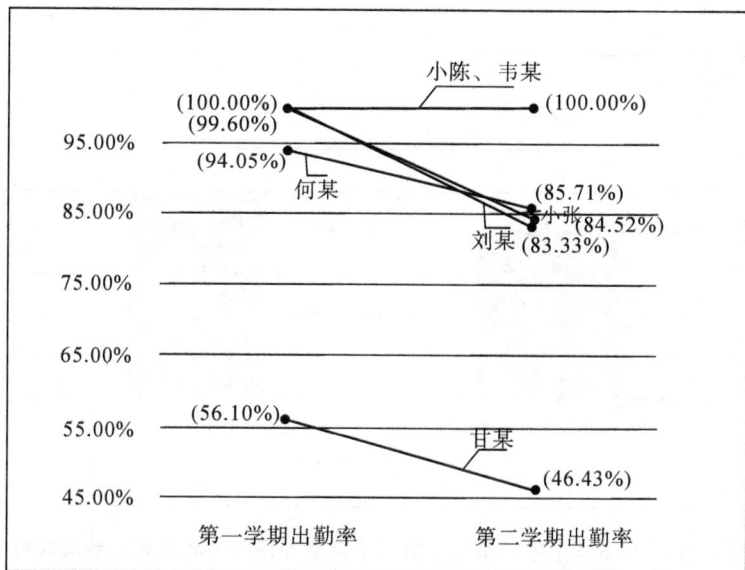

图 3.16　2013 级计算机科学与技术专业中职升本抽样学生第一、第二学期出勤率变化情况

从抽样数据上看，三档成绩的学生群中均有学习热情下滑、学习态度消极的表现，相应的学分绩随之下滑。也有的学生虽然学习态度调整了，但是成绩依然进步不大。而个别成绩下滑的学生在学科竞赛里面有比较好的表现，比如电子信息工程专业的翟某和计算机科学与技术专业的刘某。

3. 第三学期

1）学生表现情况及分析

（1）思想引领。

① 学生学习心态的表现及分析。

本学期开始，2013 级中职升本学生开始进行专业课的学习，由于基础较差，专业领悟理解能力不足，学生学习再次遇到困难，课程考试不及格率有所回升，学生反映专业课学习难度大，对专业课学习信心下降，部分学生陷入迷茫、困惑中。

② 思想主题教育情况及分析。

紧跟时代主题，开展社会主义核心价值观系列活动，继续推行"理论＋实践"的思想教育形式，鼓励学生参加校外志愿者活动，磨炼自己的毅力。因为活动的丰富性，学生所参加活动的面有所扩展。图 3.17 及图 3.18 表示了 2013级中职升本学生第二学期与第三学期参加课外主题教育活动次数及人数比例对比。

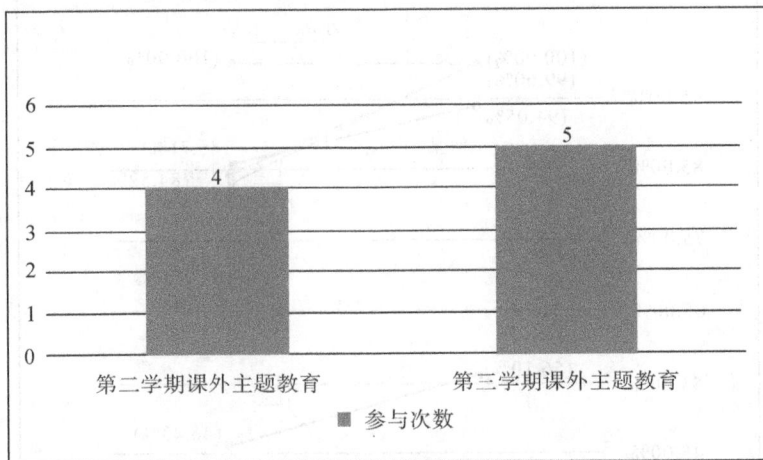

图 3.17　中职升本学生第二学期与第三学期参加课外主题教育活动次数对比图

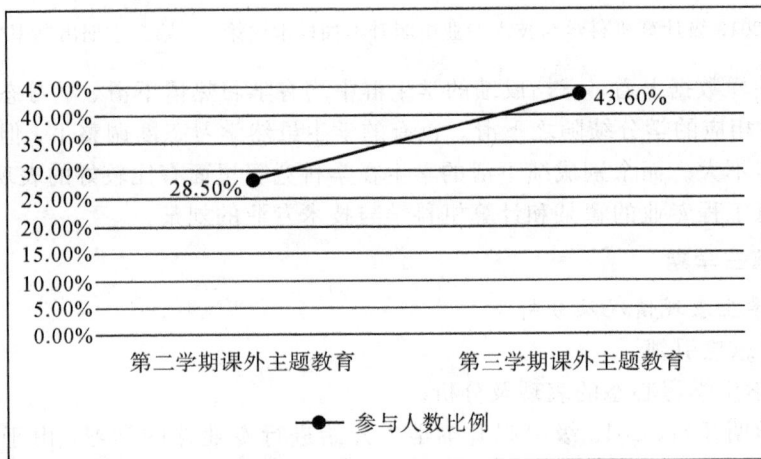

图 3.18　中职升本学生第二学期与第三学期参加课外主题教育人数比例对比图

③ 干部经历、文化活动参与情况及分析。

随着团委学生会组织建设的逐步完善，对干部的要求相应提高，竞争力更大，中职升本的学生竞选优势不明显，所以在团委学生会干部中占有比例越来越低。但是因为鼓励中职升本学生参加小社团以及新成立的学生组织，所以中职升本学生在学生社团联合和大学生创新创业实践基地中的参加比例较团委学生会高。只是由于此类学生组织成立比较晚，活动开展方面还没有充分表现出来。具体数据如图 3.19～图 3.22 所示。

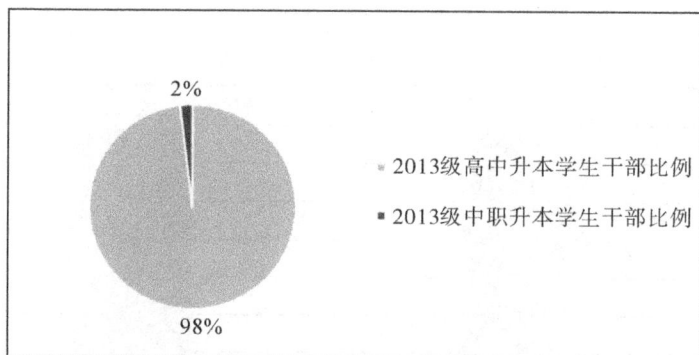

图 3.19　2013 级中职升本学生第三学期学生干部（团委学生会）比例

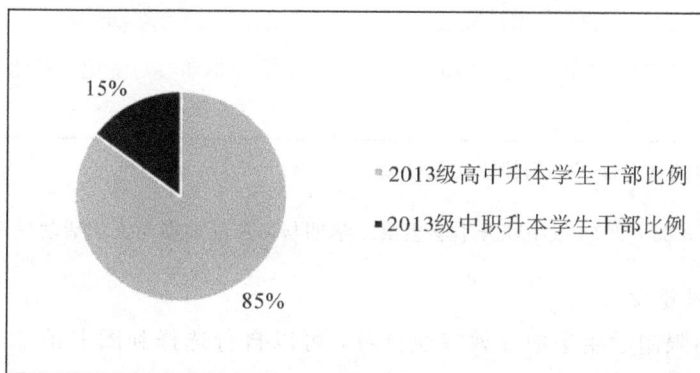

图 3.20　第三学期 2013 级中职升本学生干部（大学生创新创业实践基地）比例

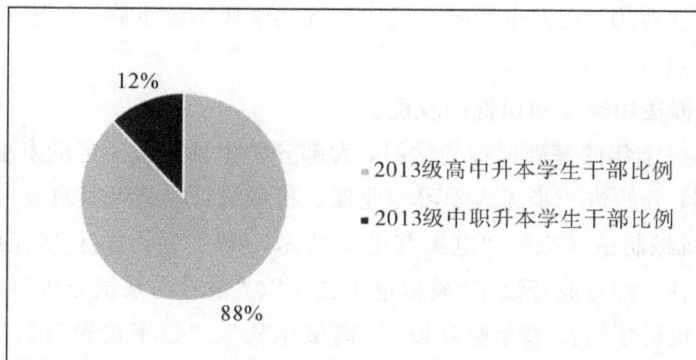

图 3.21　第三学期 2013 级中职升本学生干部（学生社团联合会）比例

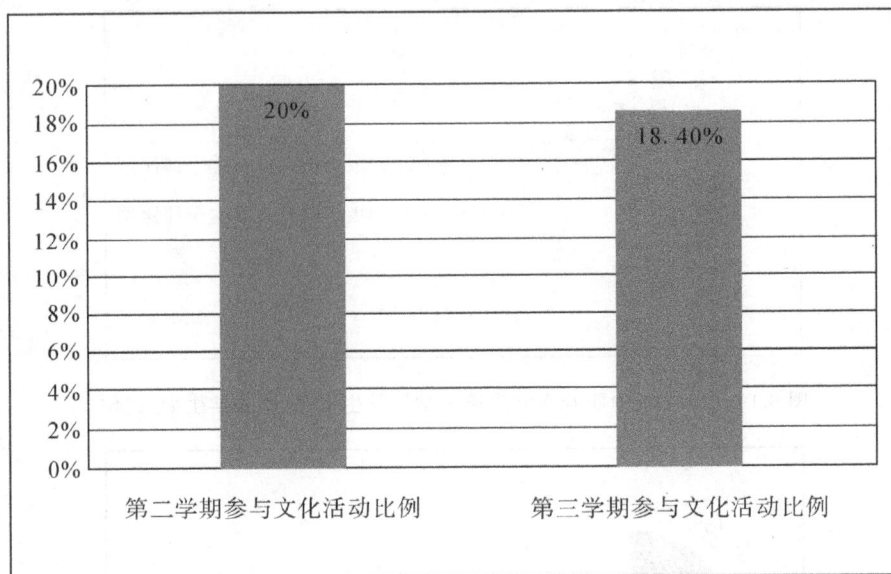

注：本学期共开展了 7 场校园文化活动。

图 3.22 2013 级中职升本学生第二学期与第三学期参与文化活动对比

④ 学风建设。

虽然不限制学生集中在教室晚自习，可以自行选择到图书馆学习（大学生创新创业实践基地还没筹建起来），但是面对难度大的专业理论课，学生上晚自习的积极性依然难以被调动起来，有的学生甚至自暴自弃，通过在宿舍玩游戏转移学习注意力，继而也影响早读。整体的学风持续下降，出勤率降低了至少 7 个百分点。

（2）掌握适用岗位知识群的程度。

经过第一学年的基础课程的学习，大部分学生具备了一定的专业基础，进入第三学期，开始进一步深入学习专业课。机械设计制造及其自动化专业本学期开设了"机械制造基础"、"电工与电子技术"和"工程力学Ⅰ"三门专业必修课；电子信息工程专业开设了"模拟电子技术"、"信号与系统分析"两门专业必修课；计算机科学与技术专业开设了"离散结构"、"数字逻辑"两门专业必修课。这几门重要的专业必修课的开设，为整个专业岗位知识群搭起框架，为今后完善专业知识群结构，丰富专业知识群内容定下了支持架构。

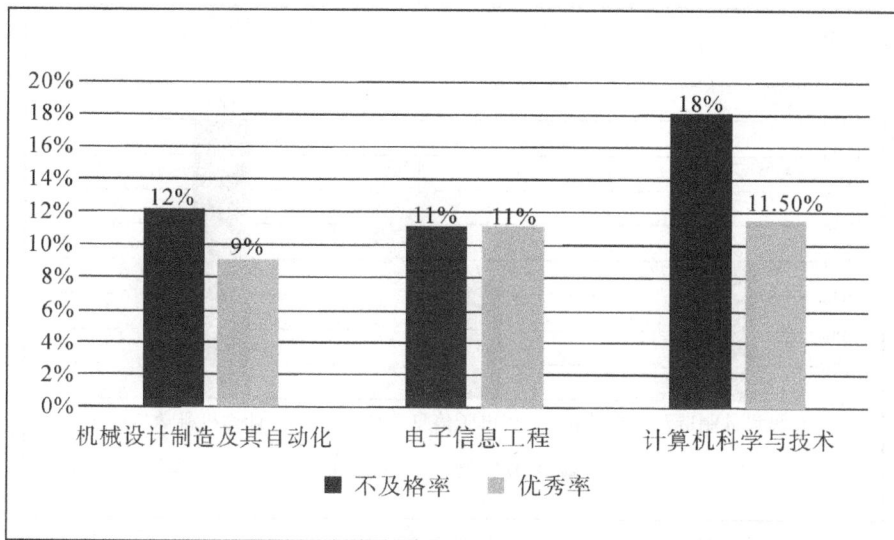

图 3.23 2013 级中职升本学生第三学期理论课程成绩情况

由于学习基础较差，领悟理解专业能力不足，学生在学习过程中再次遇到困难，课程考试不及格率明显上升，学生反映专业课学习难度大，对专业课学习信心下降，部分学生陷入迷茫、困惑中。图 3.23 为该学期中职升本学生理论课程成绩情况

（3）基本技能的掌握情况。

本学期，机械设计制造及其自动化专业开设了三门专业课实践环节课程，1.5 周"电子认知实习"、2 周的"计算机辅助产品设计实训"，以及 24 学时的"机械 CAD 应用实验"；电子信息工程专业开设了两门专业课实践环节课程，分别是 16 学时的"模拟电子技术实验"和"信号与系统分析实验"；计算机科学与技术专业开设了 24 学时的"数字逻辑实验"和 16 学时的"模拟电子技术实验"。

在本学期的实践环节中，电子信息工程专业与计算机科学与技术专业同时开设了"模拟电子技术实验"，由于专业背景不同，学习情况出现明显差异。如图 3.24 所示，电子信息工程专业学生表现出良好的课程适应性，学习得心应手，计算机科学与技术专业学生则由于对模拟电子技术专业知识掌握不足，理解不透，造成实践运用过程中出现障碍。

本学期，共有 4 名中职升本学生荣获学科竞赛奖项：国家级二等奖 3 人，省部级三等奖 1 人。

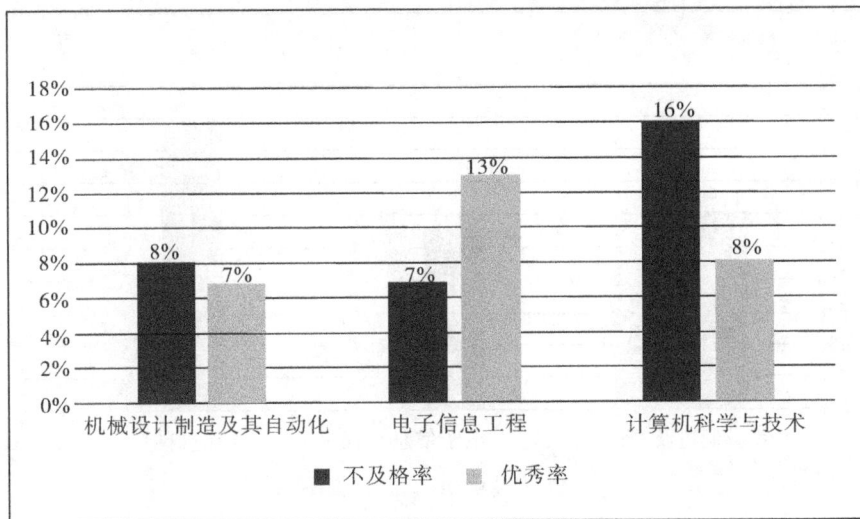

图 3.24　2013 级中职升本学生第三学期实践课程成绩情况

2）采取措施

（1）健全人格塑造方面的措施。

① 关心关怀后进学生，帮助他们分析问题，安排学有余力的学生进行"一帮一"帮扶，帮助后进生走出困境。

② 加快建设大学生创新创业实践基地的进度，让中升本的学生在基地内能施展自身优势，以"实践"带"学风"。同时举办校内科技文化节，让科技文化氛围渗透各个专业各个层次的学生。

（2）促进掌握适用岗位知识群的措施。

调整中职升本课程的上课难度，减慢讲课节奏，增加习题辅导课以及答疑时间。对部分课程各考核环节比重进行调整，增加实践分数的比重，采用过程性、多元化立体评价体系，使考核方式更开放。

（3）提高基本技能的教学措施。

将实践教学环节与理论教学环节紧密地联系起来，在实践教学环节中，灵活、适时地融入理论知识，帮助学生消化理解专业知识的同时，指导实践环节的课程任务的完成。学以致用，使实践反过来对理论学习起到促进作用。

3）抽样案例分析

根据 2013 级中职升本学生入学成绩的排名分三档，按照 20％的比例平均抽取三个档次的学生进行抽样分析，分专业对抽样学生第二、第三学期学分绩和出勤率进行比较，如图 3.25～图 3.30 所示。被抽取学生信息如表 3.5 所示。

表 3.5　2013 级中职升本抽样学生第三学期信息

学号	姓名	担任干部职务	出勤率	学分绩	备注
1316010302	黄某	无	100.00％	77.19	
1316010307	吴某	无	60.32％	66.75	
1316010318	赖某	无	89.29％	69.83	
1316010324	梁某	无	98.81％	75.57	
1316010326	卢某	团委社团管理部副部长	96.83％	72.13	
1316010329	宁某	团支书	100.00％	82.64	
1316010332	宋某	无	94.84％	70.94	
1316010334	覃某	无	100.00％	80.25	
1316010336	小覃	无	0％	0.00	已退学
1316030404	蒙某	生活委员	100.00％	77.98	
1316030408	张某	无	100.00％	73.07	
1316030412	陈某	学生会体育部副部长	100.00％	78.89	
1316030433	廖某	创新基地委员	100.00％	79.31	
1316030440	苏某	无	100.00％	51.38	
1316030445	杨某	无	72.62％	65.22	
1316030446	翟某	无	81.35％	74.71	
1316030452	朱某	无	63.10％	73.49	
1316030453	祝某	无	46.43％	62.62	
1316040301	小陈	副班长	100.00％	81.65	
1316040309	韦某	年级团总支书	100.00％	87.61	
1316040313	甘某	无	56.10％	51.10	
1316040314	何某	无	94.05％	61.48	
1316040322	刘某	宣传委员	100.00％	75.24	
1316040327	小张	班长	99.61％	73.33	

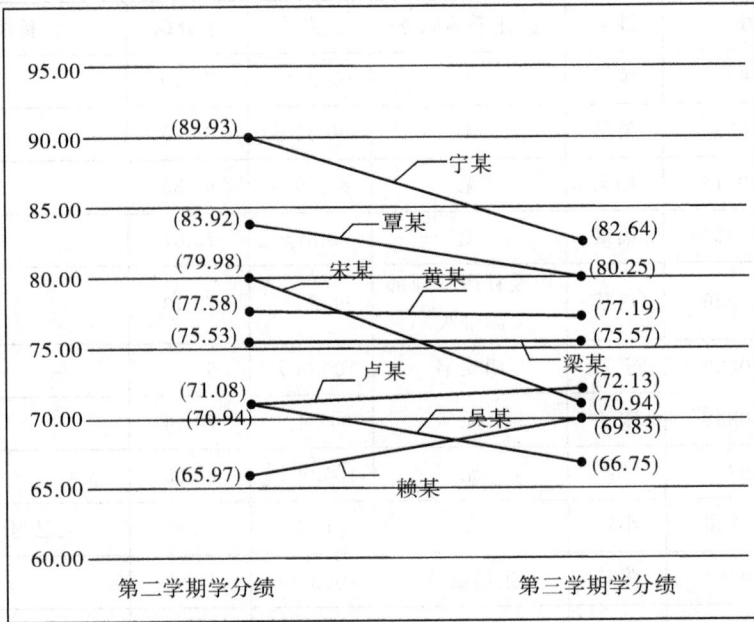

图 3.25 2013 级机械设计制造及其自动化专业中职升本抽样学生第二、
第三学期学分绩变化情况

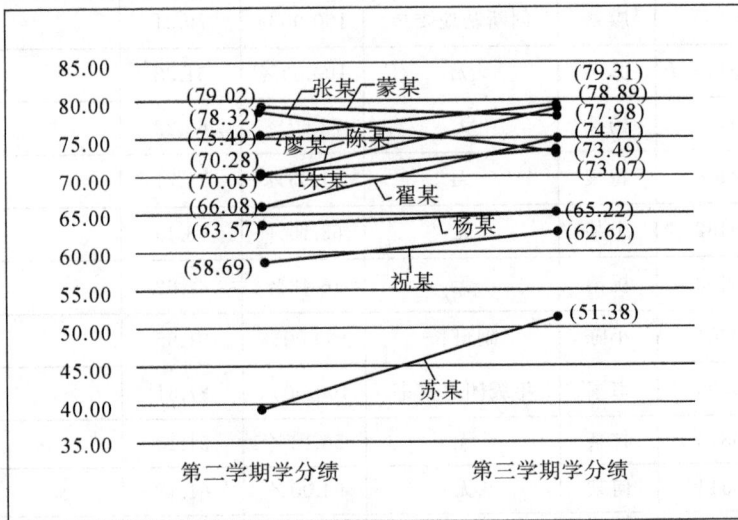

图 3.26 2013 级电子信息工程专业中职升本抽样学生第二、第三学期学分绩变化情况

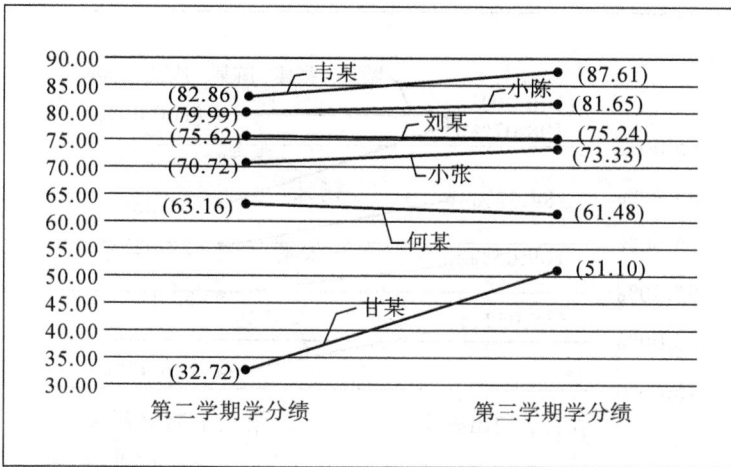

图 3.27　2013 级计算机科学与技术专业中职升本抽样学生第二、
第三学期学分绩变化情况

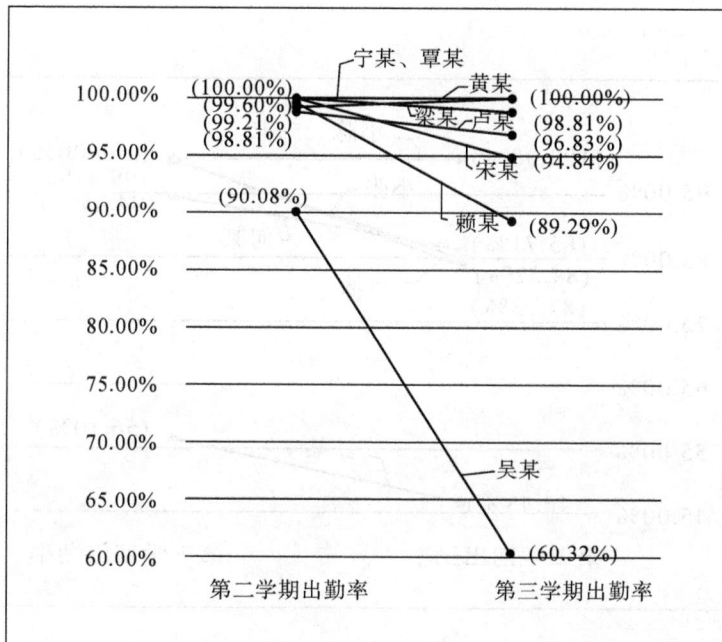

图 3.28　2013 级机械设计制造及其自动化专业中职升本抽样学生第二、
第三学期出勤率变化情况

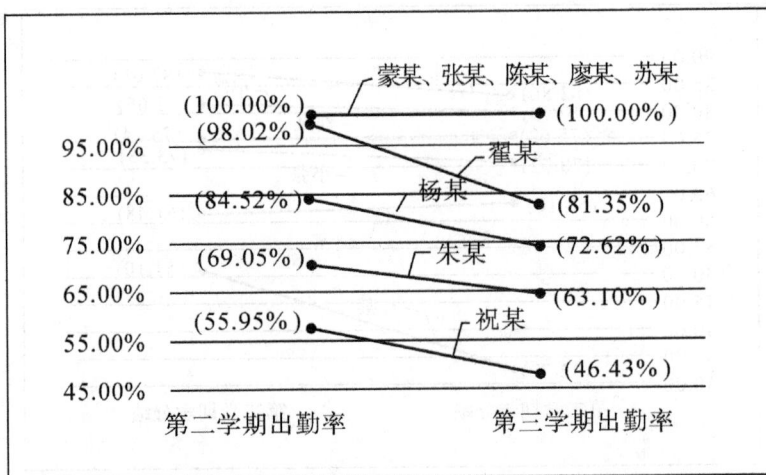

图 3.29 2013 级电子信息工程专业中职升本抽样学生第二、
第三学期出勤率变化情况

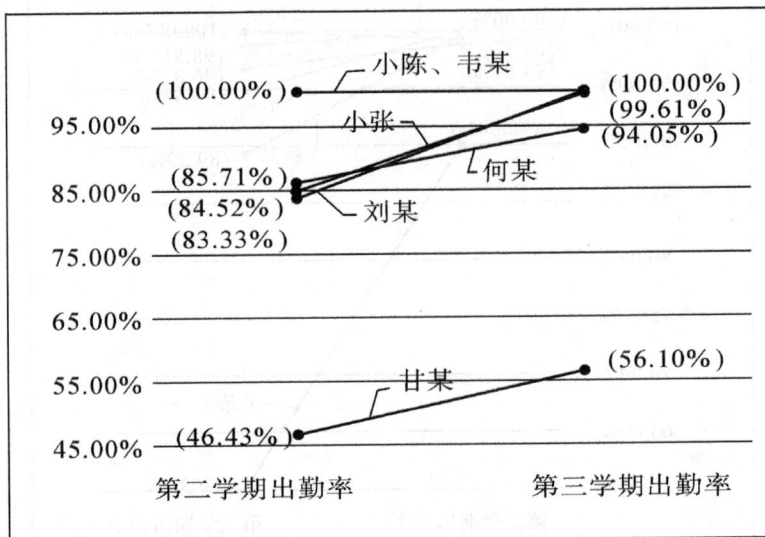

图 3.30 2013 级计算机科学与技术专业中职升本抽样学生第二、
第三学期出勤率变化情况

经过两个学期的适应和摸索，开始有学生申请退学。从抽样数据中看，大多数学生的学习成绩趋于稳定，还有学生虽然也萌生了退学念头，还是处在观望状态，缺勤率变化不稳定。也有学生端正态度，出勤率上升，学分绩也相应上升，比如电子信息工程专业的苏某和计算机科学与技术专业的甘某。

4. 第四学期

1）学生表现情况及分析

（1）思想引领。

① 学生学习心态的表现及分析。

经过两年的摸索，学生的学习、生活已形成自己的习惯，思想趋于稳定。学生开始关注专业发展趋势，就业前景等问题。抽样调查结果显示，有超过三成的学生对所学专业的发展前景持乐观态度，70%的调查对象则表示专业发展前景令人担忧，不太乐观。而另一项调查结果则显示，21%的学生希望将来到实验室从事研究工作，37%的学生愿意选择办公室白领职业，只有12%的学生倾向于工厂或车间的蓝领工作。

② 思想主题教育情况及分析。

增加主题教育活动的丰富性，结合主流思想和主题节日，沿着"社会主义核心价值观""学习雷锋精神""五四青年节"三条主线开展系列性活动，引领学生紧跟主流时代思想，不断提升思想政治觉悟。2013级中职升本学生中有将近一半的学生是非团员，随着党团主题活动的深入开展，不少非团员向团组织表达了要加入团组织的意愿。图3.31和图3.32分别表示2013级中职升本学生第三、第四学期参加课外主题教育活动次数对比和人数比例对比。

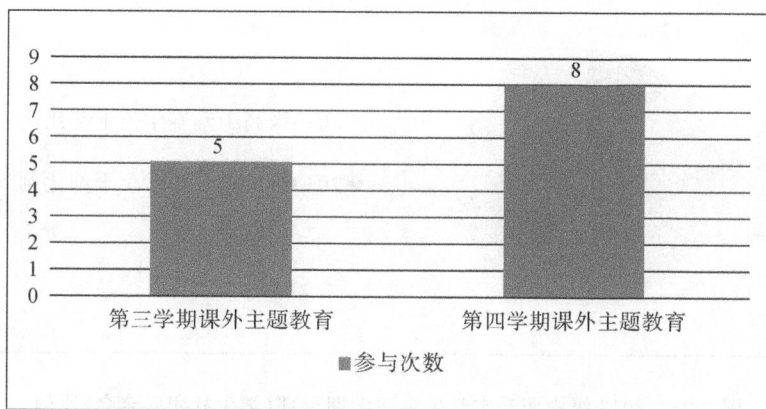

图 3.31　中职升本学生第三学期与第四学期参加课外主题教育活动次数对比图

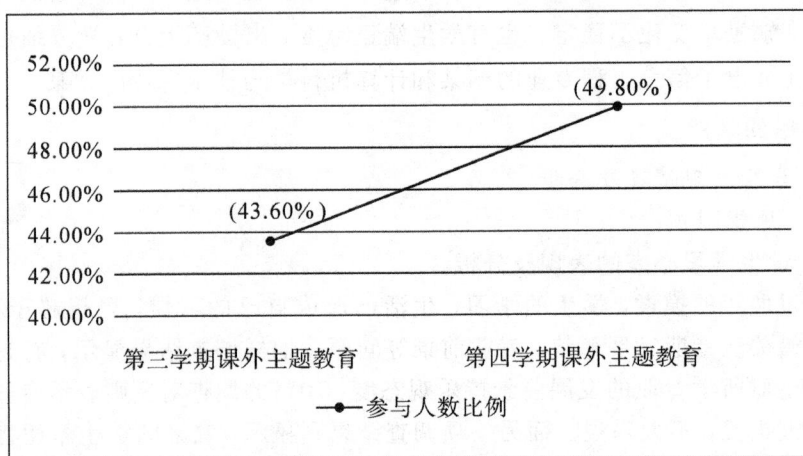

图 3.32　中职升本学生第三学期与第四学期参加课外主题教育人数比例对比图

③ 干部经历、文化活动参与情况及分析。

随着大学生创新创业实践基地的建立，部分动手能力强的学生申请入驻基地，开展科技实践活动。随着专业课程的增加，中职升本学生个人方向发展的调整，科技文化节系列活动的举办，让更多有一技之长的中升本的学生展示了自己的才能。具体数据如图 3.33～图 3.36 所示。

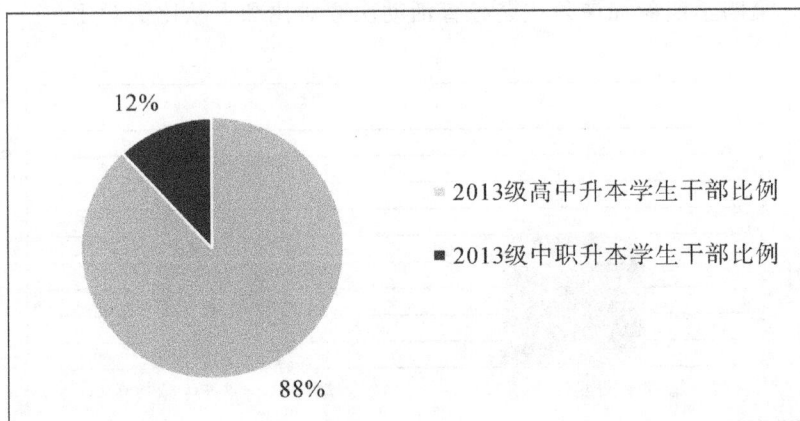

图 3.33　2013 级中职升本学生第四学期干部(学生社团联合会)比例

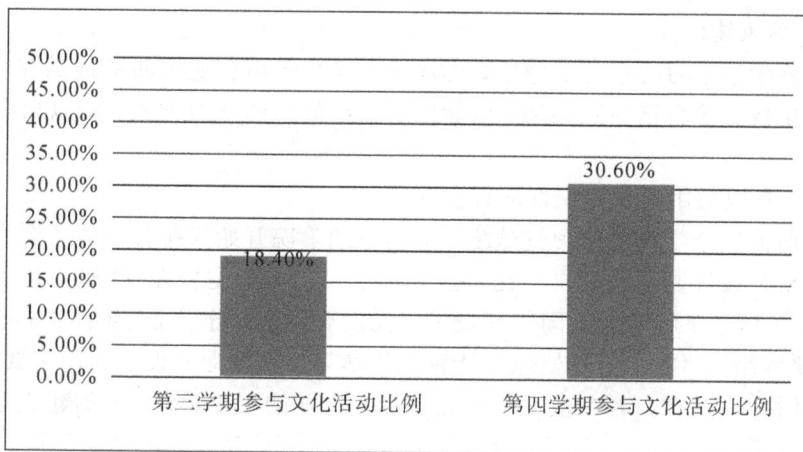

注：第四学期共开展了 37 次校园文化活动。

图 3.34　2013 级中职升本学生第三学期与第四学期参与文化活动对比

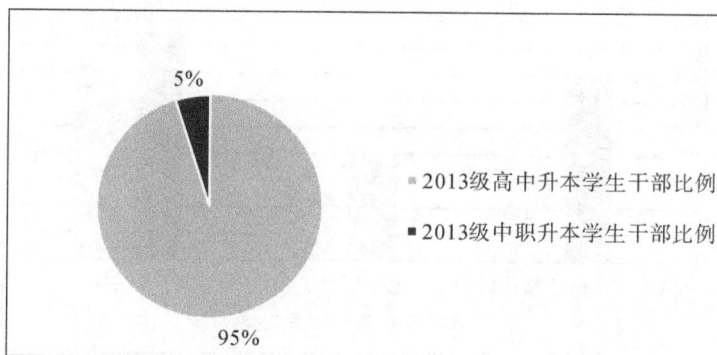

图 3.35　2013 级中职升本学生第四学期学生干部(大学生创新创业实践基地)比例

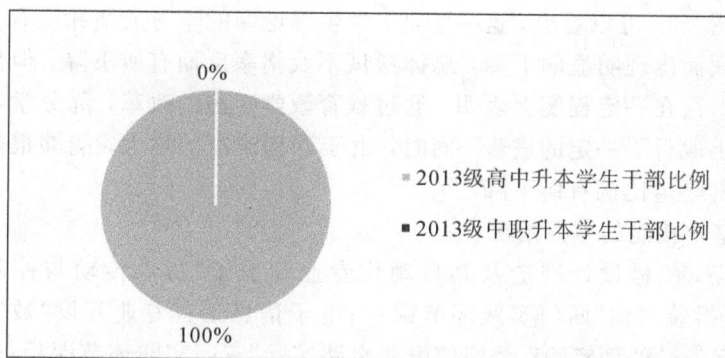

图 3.36　2013 级中职升本学生干部(团委学生会)比例

④ 学风建设。

随着学生学习心态趋于稳定，再加上大学生创新创业实践基地的建立，中升本学生找到了自己更感兴趣、更能展示自己能力的学习方式，所以出勤率有所回升。

（2）掌握适用岗位知识群的程度。

在前面三个学期的学习铺垫之后，本学期学院开始安排各专业主要课程的学习。机械设计制造及其自动化专业安排了一门专业主要课程"机电传动与控制"，电子信息工程专业则同时开设了三门主要课程，分别是"通信电子电路"、"计算机网络"、"数字信号处理"；计算机科学与技术专业开设了一门主要课程："数据结构与算法"。各专业学生开始接触本专业的主干学科，开始建立系统的知识群体系。

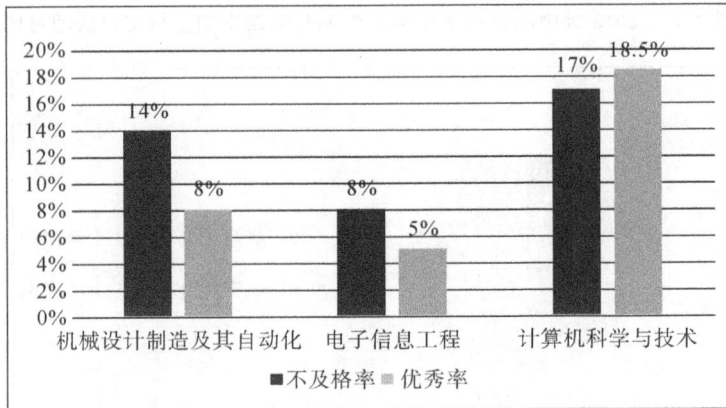

图 3.37　2013 级中职升本学生第四学期理论课程成绩情况

通过图 3.37 可以看出，这一学期，学生理论课的学习成绩并没有因为课程难度的增大而出现明显的下降，总体考试不及格率反而有所下降，但优秀率出现了波动。这在一定程度上表明，通过教育教学手段的改革，部分学习困难学生在学习上取得了一定的进步，同时，由于课程难度的增大，能够很好地掌握学习内容的学生比例有所下降。

（3）基本技能的掌握情况。

本学期，机械设计制造及其自动化专业开设了"机电传动与控制实验"、"机械装置拆装实训"两门实践环节课程；电子信息工程专业开设"数字逻辑实验"、"数字信号处理实验"、"通信电子电路实验"三门实践环节课程；计算机科学与技术专业开设"数据结构与算法课程设计"一门实践环节课程。

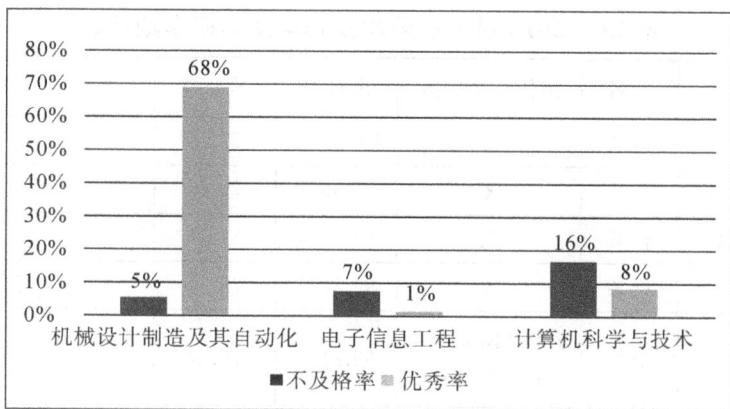

图 3.38 2013 级中职升本学生第四学期实践课程成绩情况

由图 3.38 可以看出，本学期，学生实践课程成绩较上一学期呈现出明显的上升趋势。各专业实践课程不及格率都有所下降，机械设计制造及其自动化专业学生在实践环节中表现出很高的专业素养，优秀率将近 70%。同时由于重点课程的学习难度大，电子信息工程专业学生的优秀率下降，几乎为零。

2）采取措施

（1）健全人格塑造方面的措施。

① 加强就业指导，引导学生拓宽就业方向，多样成才。

② 规范入团流程，吸收优秀学生加入团组织，并加强团支部的建设。

（2）促进掌握适用岗位知识群的措施。

① 邀请专家教授来校开讲座，为学生介绍最新的专业发展前沿，开拓学生的视野。

② 通过专业交流会、座谈会，让老师面对面为学生解答专业学习和发展上的困惑。

③ 在已取得成效的教育教学措施基础上，继续探索。

（3）提高基本技能的教学措施。

以前期探索的结果为基础，深入思考，加强总结，继续坚持行之有效的实践教学方法、措施，逐步形成一套稳定成熟的针对中职升本学生的实践教学理论方法。

3）抽样案例分析

根据 2013 级中职升本学生入学成绩的排名分三档，按照 20% 的比例平均抽取三个档次的学生进行抽样分析，分专业对抽样学生第三、第四学期学分绩和出勤率进行比较，如图 3.39～图 3.44 所示。抽样学生信息如表 3.6 所示。

表 3.6 2013 级中职升本抽样学生第四学期信息

学号	姓名	担任干部职务	出勤率	学分绩	备注
1316010302	黄某	无	100.00%	77.23	
1316010307	吴某	无	68.66%	79.36	
1316010318	赖某	无	88.49%	71.97	
1316010324	梁某	无	99.21%	78.74	
1316010326	卢某	学生社团联合会事务部部长	99.21%	76.23	
1316010329	宁某	无	100.00%	86.56	
1316010332	宋某	无	93.65%	73.17	
1316010334	覃某	无	100.00%	81.74	
1316010336	小覃	无	0%	0.00	已退学
1316030404	蒙某	无	100.00%	78.81	
1316030408	张某	无	100.00%	78.30	
1316030412	陈某	无	99.60%	78.64	
1316030433	廖某	创新基地委员	100.00%	85.89	
1316030440	苏某	无	43.25%	44.29	
1316030445	杨某	无	85.32%	64.87	
1316030446	翟某	无	90.87%	78.06	第六届蓝桥杯全国软件和信息技术专业人才大赛省部级一等奖、国家级一等奖
1316030452	朱某	无	85.32%	75.26	
1316030453	祝某	无	60.32%	61.50	
1316040301	小陈	副班长	100.00%	85.87	
1316040309	韦某	年级团总支书	100.00%	89.23	
1316040313	甘某	无	46.43%	41.71	

续表

学号	姓名	担任干部职务	出勤率	学分绩	备注
1316040314	何某	无	85.71%	67.49	
1316040322	刘某	宣传委员	83.33%	83.85	
1316040327	小张	班长	84.52%	78.33	

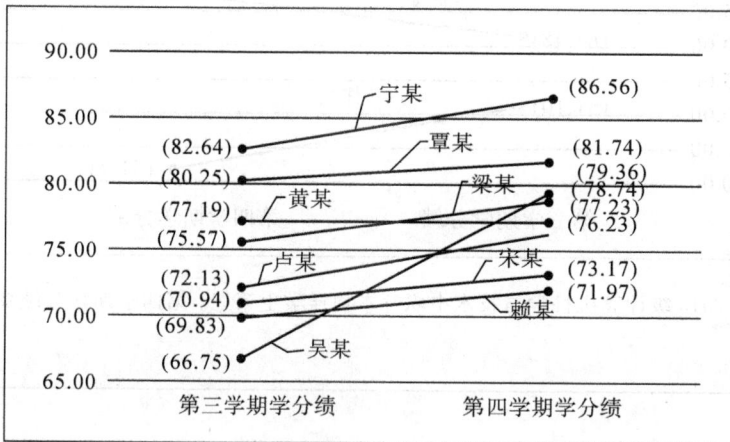

图 3.39　2013 级机械设计制造及其自动化专业中职升本抽样学生第三、第四学期学分绩变化情况

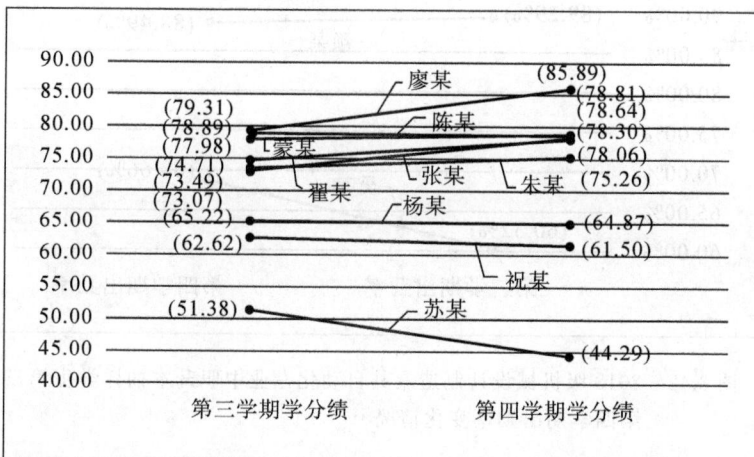

图 3.40　2013 级电子信息工程专业中职升本抽样学生第三、第四学期学分绩变化情况

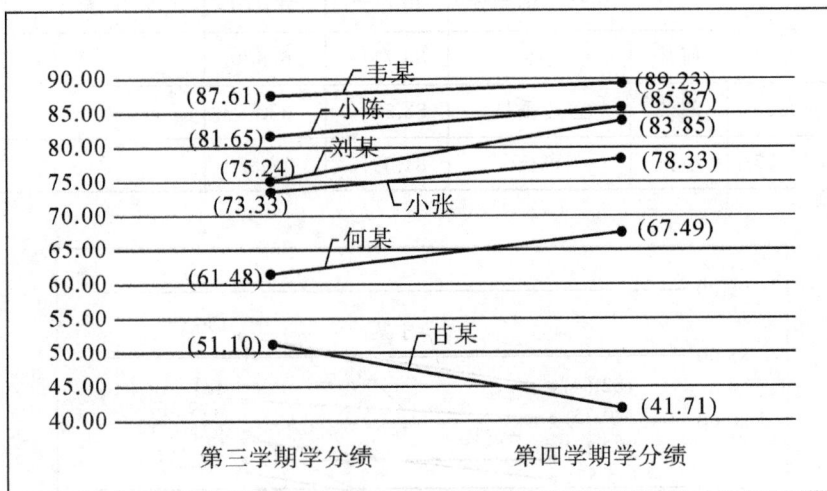

图 3.41　2013 级计算机科学与技术中职升本抽样学生第三、第四学期学分绩变化情况

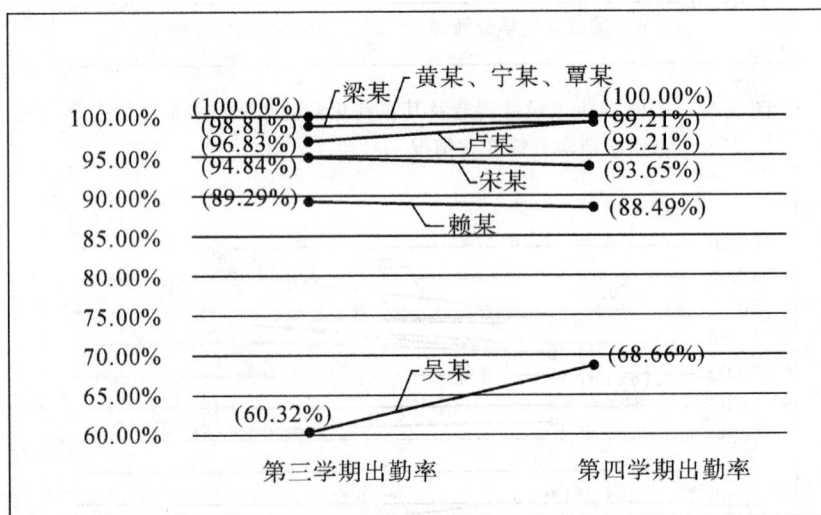

图 3.42　2013 级机械设计制造及其自动化专业中职升本抽样学生第三、
第四学期出勤率变化情况

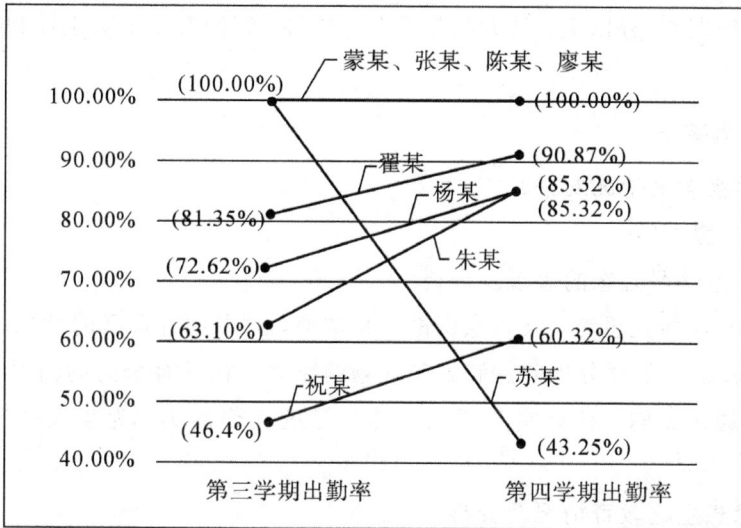

图 3.43　2013 级电子信息工程专业中职升本抽样学生第三、第四学期出勤率变化情况

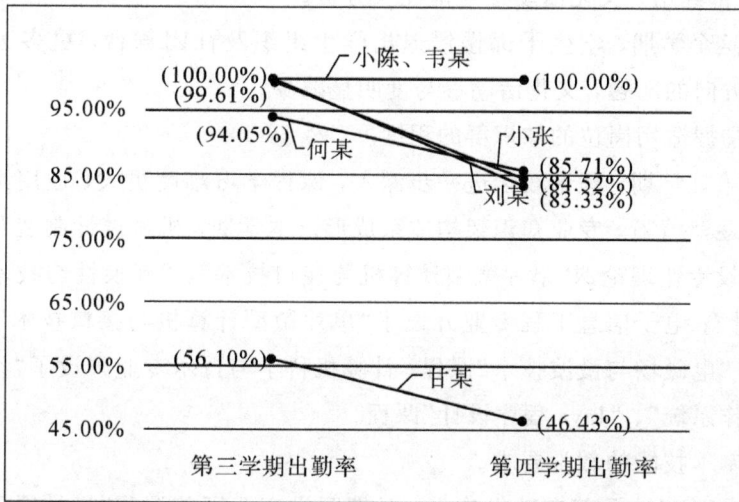

图 3.44　2013 级计算机科学与技术专业中职升本抽样学生第三、
　　　　第四学期出勤率变化情况

在抽样数据中看，除了电子信息工程专业的苏某和计算机科学与技术专业的甘某(这两个学生都在第五个学期退学，其中甘某是从第四个学期开始间断

性地萌生退学念头，思想状态不稳定，且和同学们相处不好），其他学生的学分绩都已经在 60 分以上，且大部分是上升趋势，即便有所下降也控制在 1% 的下降范围内。

5. 第五学期

1）学生表现情况及分析

（1）思想引领。

① 学生学习心态的表现及分析。

学生喜欢独立思考，自我意识进一步增强，对事物有自己的意见和独特见解，具备较强的独立分析问题和处理问题的能力。在学有余力的情况下，学生有意识地通过兼职、社会实践活动培养自己的工作能力，为步入社会提前做准备。

② 思想主题教育情况及分析。

进入这个学期，学生的思想政治教育课程（公共必修课）已经基本完成，课程设计、实践实训课程增加，学生的重心转向工程设计的能力的锻炼。

③ 干部经历、文化活动参与情况及分析。

进入这个学期，学生干部慢慢退出学生组织及社团舞台，更多去思考就业、考研方向的问题，文化活动参与度明显减少。

（2）掌握适用岗位的知识群的程度。

进入第五学期，理论教学进一步深入，课程学习难度更大，适用岗位的知识群脉络逐渐清晰，专业知识架构体系成形。本学期，机械设计制造及其自动化专业开设专业理论课"单片微型计算机与接口技术"、"互换性与技术测量"、"机械设计"；电子信息工程专业开设了"单片微型计算机与接口技术"、"计算机网络"、"电磁场与微波技术"课程；计算机科学与技术专业开设了"计算机网络"、"操作系统"、"Java 程序设计"课程。

（3）基本技能的教学要求。

机械设计制造及其自动化专业本学期开设实践环节课程"机械原理课程设计"；电子信息工程专业开设"电子工程实习"、"EDA 技术课程设计"、"电路系统综合设计实训"、"基于单片机综合应用设计实训"四门实践环节课程；计算机科学与技术专业开设"电子工程实习"、"Java 程序设计实验"、"数据库系统原理课程设计"三门实践环节课程。

3.5 效果分析、采取措施

1. 面向电子信息产业链，培养应用技术技能人才

应用技术技能型人才培养是桂林电子科技大学培养模式改革的最终目标，它面向电子信息产业链，旨在培养能够灵活运用所学专业知识与技能独立解决实际问题的高素质应用型人才。解决专业与需求脱节、课程与产业脱节、教学与实践脱节、育人与就业创业脱节的问题，在教育教学实践中努力构建学业、产业、就业、创业相互贯通的人才培养模式。通过"微企式训练中心"建设思路促进教育教学改革，创新人才培养模式，保证教学将人才素质标准与课程标准最大限度地衔接，满足课程教学改革的应用性、针对性和实践性，进而提高学生的综合工程素养和能力，更好地推进电子信息工程特色专业的建设。

2. 以社会对人才需求为导向，满足区域经济发展的需要

现代经济社会发展对人才培养工作提出了新的要求。地方高校的主要任务是适应新形势，探索新思路，努力培养与地方经济产业发展相吻合的专业技术人才。结合国家经济发展战略和广西对电子信息产业发展布局，"微企式训练中心"将为我校师生提供更好的教学实践平台，利于强化学校服务社会的功能，培养适应经济社会发展、促进产业结构优化升级的应用技术技能型人才，同时能为企业、科研院所等提供相应的培训、科研等服务，实现资源共享，更好地体现人才培养与社会服务的有机结合。

3. 多层次人才培养模式体系的探索

多层次人才培养模式体系的探索重点体现在对多层次人才培养"立交桥"体系的系统性科学构建。北海校区在现代职业教育体系中、在应用技术技能型人才培养方面已经做了较多科学的探索和一定的教学实践。

在国家现代教育系统的战略格局下，学校系统研究了北海校区应用技术人才培养的理论基础、构建了人才培养理论体系，并积极探索科学实现的方法。目前，在桂林电子科技大学北海校区已初步形成从专科至专业硕士的全方位、立体化的应用技术人才培养的机制和环境，构建起了多层次应用型本科人才培养思路架构。多层次应用人才培养的"立交桥"体系结构，如表 3.7 所示。包含"高中升本"、"专升本"、"中职升本"、"高中升专"、"中职升专"等多层次人才

培养的"立交桥"根据各层次起点的不同，采用不同的培养思路和实施手段方法，但最终目标都是应用技术技能人才的培养。学生将以不同的岗位定位和深造作为培养出口，走上职业生涯或选择进一步深造。

表 3.7　多层次应用技术技能型人才培养的"立交桥"体系结构

序号	培养的层次类型和起点		立交桥交叉点	培养出口	
	层次类型	起点		就业岗位	继续深造
1	中职升专	中职	应用技术技能人才	应用技能人才——技师	工程硕士 工程博士
2	中职升本	中职		应用技能人才——高级技师	
3	专升本	大专		工程应用人才——现场工程师	
4	高中升专	高中		应用技能人才——技师	
5	高中升本	高中		工程设计人才——设计工程师	

4. 课程体系改革

1）新型多层次课程体系的集成

坚持课程内容与职业标准对接，课程内容与各层次培养目标的专业体系对接。创建新型多层次课程集成教学体系，突出服务社会与行业产业链的工程应用能力。根据人才培养在知识、素质、能力方面的要求，引入社会、企业参与，优化课程配置，整合教育教学内容，进行创造性地搭建工程应用技术本科人才培养的宽口径"基础教学模块"和应用特色突出的"专业课程核心课程模块"的课程体系。围绕应用技术技能型本科人才培养的技能需求开设综合课程，并实现交叉内容融合后各层次内容的系列化、模块化。构建体现知识性和技能性相结合的课程体系，以相互关联的模块实现相关课程的有机融合与贯通。

2）课程体系多层次的科学设计

通过多层次应用技术技能型人才培养的"立交桥"体系，贯通不同层次间的一体化培养，打通了四个类型起点的"通道"，使分层次因材施教成为可能。通过对四个素质层次学生的人格素养、专业知识、基本技能、高端技能的培养逐步提升学生的素养和能力水平，课程体系设计时采取不同的课程设计目标和实现手段方法，即保证了多层次应用人才培养"立交桥"中各种类型相互间的关系，也突出了多层次各类型的培养特点与不同方法。

3）立体化质量评价体系的构建

提升人才培养质量是贯穿办学全过程的主线。加强课程规范、课程质量标准和课程资源建设,并逐步实现制度化。教学质量管理做到"三纳入"和"四同步"。"三纳入"即纳入教学计划和规划、纳入教学管理制度、纳入有关人员的职责范围,以此作为考核教学质量和管理水平的标准之一。"四同步"即下达教学任务与提出教学文件材料的归档要求同步;检查教学工作与检查教学文件材料积累同步;评审、鉴定教学质量、材料、毕业论文、优秀教学成果与审查、验收材料同步;毕业分配、上报评审材料、教师考核晋升与档案部门出具档案证明同步。

5. 教学新理论与教学新方法等的探索

1) 以正确的教学原则突显特色教学理念

在具体设定教学目标时,为"中职升专"、"中职升本"层次的学生设定"以技能促理论"的课程目标,着重启发学生学习时透过现象看本质,结合已有实践技能融入理论知识的领悟和掌握,本着在实践基础上具有分析问题能力和解决问题能力为原则,即"理论够用"的原则。教材方面也围绕以上各类学生层次的教学目标进行适应性的内容调整与教材建设。而对各层次学生在培养思路上均一致提出"突出适应区域经济行业产业需要"的要求。

2) 人才培养多方式与多层次的高度统一

在适应多层次应用人才培养的体系与课程体系的复杂系统方面,牢牢抓住教育培养模式主线,实现具有灵活适应性的多种人才培养方式。应用技术技能人才的培养方式主要有:① 自适应培养;② 定向式培养;③ 自适应与定向相结合的培养。根据学生不同的特点,采取不同培养方式的灵活管理模式。以"高中升本"学生为主体的培养侧重于使学生在进入本科学习阶段通过自身配合学校的应用技术技能型人才培养方案以自适应方式学习提高自身综合素质与能力;以"中职升专"、"中职升本"学生为主体的培养则侧重于更好地强化已有职业教育成果,提升职业技术技能的理论分析能力与解决问题的能力。以"专升本"学生为主体的培养则以半适应半强化职业技术技能的培养方式组织学习。

6. "双师型"教师队伍的建设

北海校区坚持人才兴校战略,坚持把高水平师资队伍建设放在首位,加大高层次人才培养与引进力度,加强高水平教学团队建设,形成了促进优秀人才脱颖而出的良好环境。建立教师实践企业培训制度,启动"双师型"教师资助计划,创建教师践习培训实践平台,培养"双师型"师资队伍。北海校区以学校培训为中心,通过与企业合作为学生提供实践基地,同时选择若干企业和高校形成网状教师培训平台(包括很多种类的技术的践行平台:体验性的实践践行平台和企业中的生产实践践行平台），以最快的速度，建设了一支高水平的"双师型"师资队伍。

7. 优化实践教学环境，满足提高人才培养质量的需要

以往学校在缺乏综合性训练的仪器设备的情况下，会造成学生的实践教学环节内容过于单一，缺乏系统性、工程性，实践教学效果难以得到保证。我校北海校区通过建立"微企式训练中心"实践训练平台的建设思路，整合实践教学资源，优化教学实践环境，给学生提供更好的学习实践场所，使学生进行更多的专业实训、操作实践、创新设计和产品设计等专业技术技能训练和创新训练，按照"合理定位、突出特色、教研结合、开放共享"的思路，切实达到提高人才培养质量的目的。

第 4 章　中职升本学生的成长过程分析反馈

4.1　健全人格的塑造跟踪分析

在思想动态引导方面，第一届中职升本学生招生工作因为没有经验参考等原因，学生的来源多样化，知识水平参差不齐，再加上学生脱离学习状态已久，养成了懒散的生活方式和学习习惯。虽然学生在刚入学表现出了一定的积极性，但是渐渐地显露出更多的不适应，比如对教学方式、授课方式、课程难度等的不适应。学院以"军事化管理元素融入养成教育"为理念，实行半军事化管理。根据学院的实际情况制定了《桂林电子科技大学海洋信息工程学院学生早锻炼、早读、到课率、晚自习、晚归寝、宿舍内务管理暂行规定》，全天全程管理学生早操、早读、上课考勤、晚自习。学院严格的管理制度与学生有待完善的人格产生冲突，所以学生思想变化幅度大，学习状态一直在变化和调整中。第一学期学生的出勤率比同届的高中升本学生的出勤率高，但是由于自身状态调整的速度跟不上课程量和课程难度的增加，学生对于学习的积极性和意志力持续下滑，甚至出现陆续退学的现象。到了第四学期，随着大学生创新创业实践基地的建设，中职升本学生找到了发挥自己技能水平的平台，通过项目进驻、参加校内外各类学科竞赛，中职升本学生的实践水平得到了肯定，从而树立了自信。到了第四个学期后，学生学习状态趋于稳定。图 4.1 所示为 2013 级中职升本学生出勤率变化图。

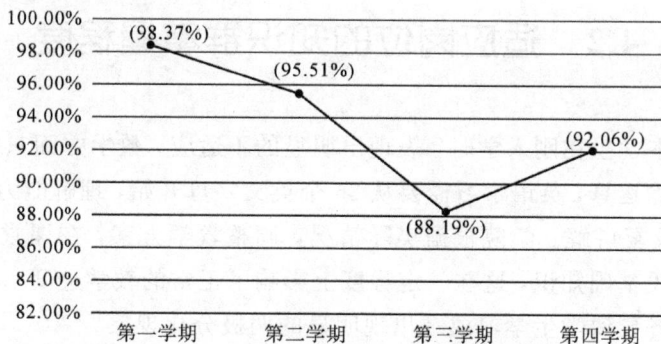

图 4.1　2013 级中职升本学生出勤率变化图

在学生人格素养养成方面，通过思想教育课程的模块化改革和时代主题教育活动的设计、开展，引导学生培养正确的人生观、价值观；通过"理论＋实践"的思想教育模式，鼓励学生参加校内外多形式的志愿者活动，磨炼意志力和耐力。图 4.2 所示为 2013 级中职升本学生参加课外主题教育活动人数比例变化图。

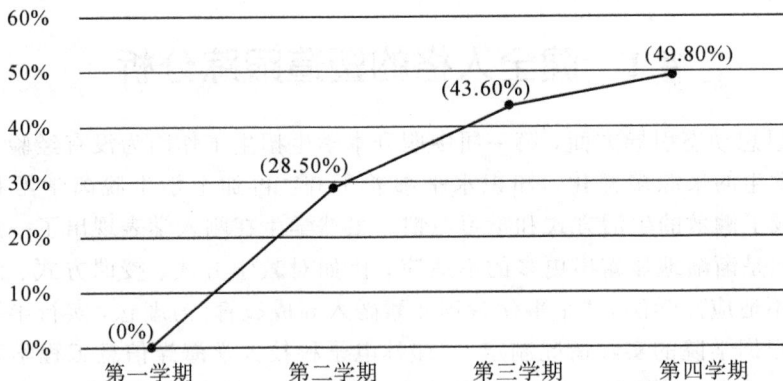

图 4.2　2013 级中职升本学生参加课外主题教育活动人数比例变化图

参与社团活动是学生锻炼综合能力、提升人格素质的最好途径，2013 级中职升本的学生的表现欲很强，对于学生干部工作、学院文化活动表现出很高的热情，但持续时间短暂，随着高中升本学生竞争力的增加，这部分学生的优势不突出，成长缓慢的特点导致他们在学生干部竞选中逐渐被淘汰。相应地，这部分学生很快在大学生创新实践基地里找到施展自己的实践特长的平台，同时在学科竞赛中，中职升本学生也能取得较好成绩。

4.2　适应岗位的知识群掌握程度

中职升本学生在刚入学时，表现出明显的不适应，数学方面只能掌握自然数的加减乘除运算，英语学习需要从 26 个英文字母开始，理解能力不够，同一内容，需要反复讲解。学院根据实际情况，调整教学方案，在课堂教学中，相应地补习相关基础知识，这在一定程度上影响了正常的教学进度。所以生源层次的参差不齐导致学生学习成绩出现明显的两极分化现象。

经过一个学期的教学调整及针对性辅导，中职升本学生对大学英语、高等数学的学习情况有所好转，部分学习能力较强的学生已掌握一些学习方法，具备一定的自学能力，可以指导其他同学的学习。在结课考试中，三个专业"高等数学 A Ⅱ"的平均不及格率由 15.5％下降到 9.82％，"大学英语 Ⅱ"不及格率由 16.3％降至 1.8％。

部分专业课如"电路分析基础"课程的学习上，计算机科学与技术专业学生由于原有的知识构成并不涉及相关课程内容，因此大范围出现上课听不懂，无法消化课程内容的情况。电子信息工程专业和计算机科学与技术专业学生"电路分析基础"课程的平均不及格率，达到了 28.16％。通过调整中职升本课程的授课难度，减慢讲课节奏，增加习题辅导课以及答疑时间，对部分课程各考核环节比重进行调整，增加实践分数的比重，采用过程性、多元化立体评价体系，使考核方式更开放。到了第四学期，学生成绩大体趋于稳定。图 4.3 所示为 2013 级中职升本学生理论课程成绩变化图。

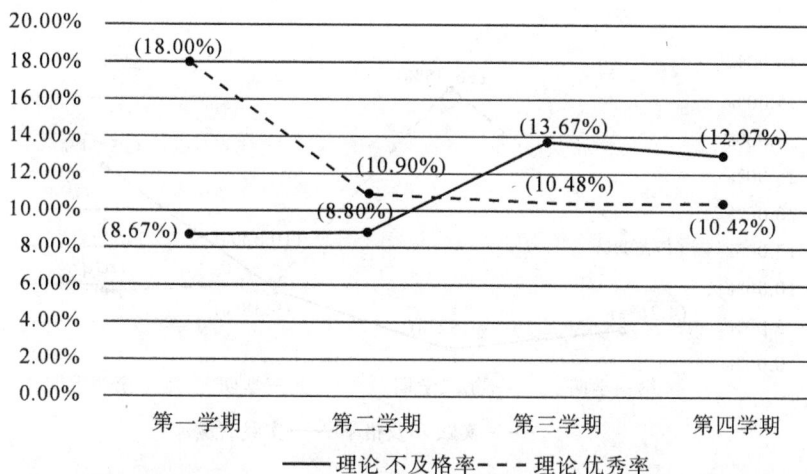

图 4.3　2013 级中职升本学生理论课程成绩变化图

4.3　基本技能的掌握情况

第一学期开设的实践课程很少，在学习上中职升本学生表现出两种不同的情况：部分在中职学习期间接触过相关课程的学生，学习起来得心应手，但大部分之前没有接触过该课程的学生，由于理论课学习上的困难，造成实验课程学习起来也非常吃力。以电子信息工程专业为例，"C语言程序设计"该门课程不及格率达到21.7%。

为巩固专业基础理论知识，第二学期各专业开始安排相应的实验、实训环节，巩固理论学习成果，锻炼学生将所学知识灵活运用的能力，提高专业基本技能素养。但是实际教学效果与预期还是有差距，经了解发现，有相当高比例的学生在完成实验、实训学习要求的同时，对其中的理论概念并没有掌握。存在死记硬背，盲目模仿的情况，欠缺运用所学知识分析、解决问题的能力。

在第三个学期中，不同专业学生表现出来的学习适应性和进度都不太一样，交叉专业尤其显示出中职升本学生学习能力的薄弱性。

到了第四个学期，学生实践课程成绩较上一学期呈现出明显的上升趋势。各专业实践课程不及格率都有所下降。图4.4为2013级中职升本学生实践课程成绩变化图。

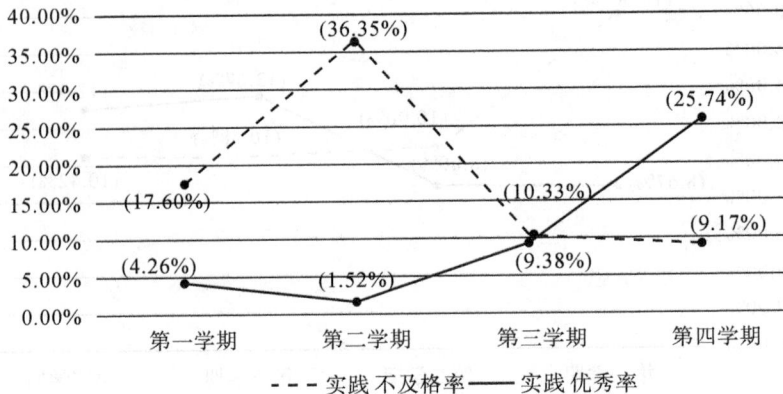

图4.4　2013级中职升本学生实践课程成绩变化图

4.4　抽样案例学生的培养跟踪

根据2013级中职升本学生入学成绩的排名分三档，按照20%的比例平均抽取三个档次的学生进行抽样分析，分专业对抽样学生第一、第二、第三、第四学期的学分成绩进行比较，如图4.5～图4.7所示。

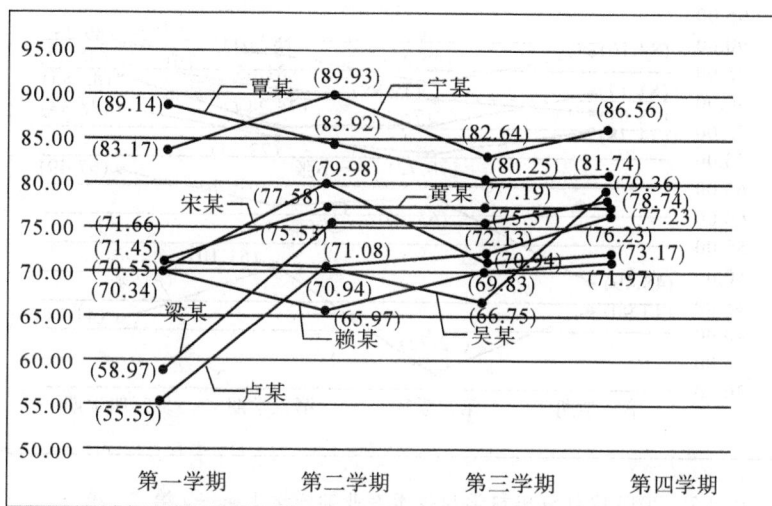

图 4.5　2013 级机械设计制造及其自动化专业抽样学生第一、第二、第三、第四学期学分绩变化情况

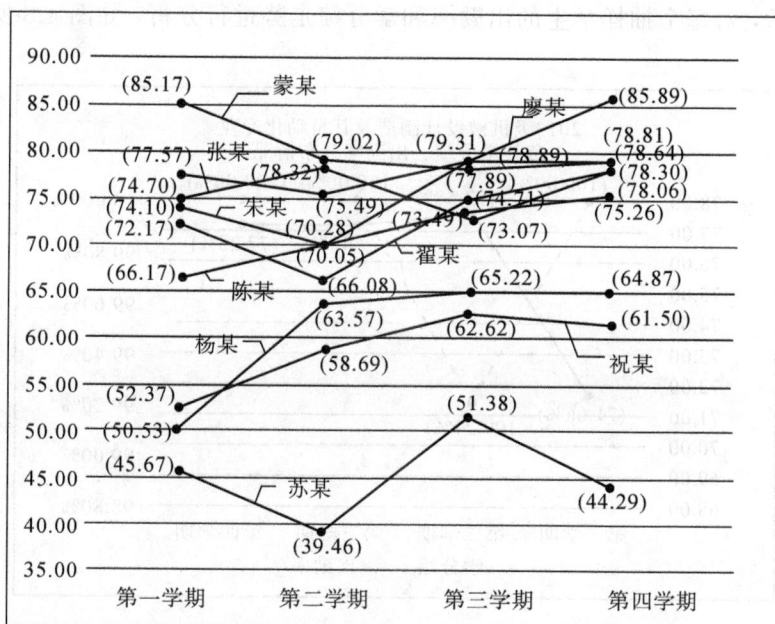

图 4.6　2013 级电子信息工程专业抽样学生第一、第二、第三、第四学期学分绩变化情况

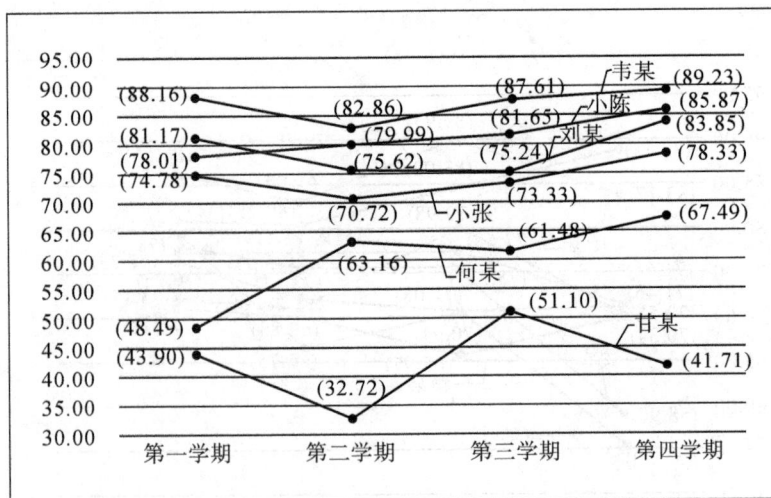

图 4.7 2013 级计算机科学与技术专业抽样学生第一、第二、第三、
        第四学期学分绩变化情况

之后，对每个抽样学生的出勤率和学分绩走势进行分析，如图 4.8 所示。

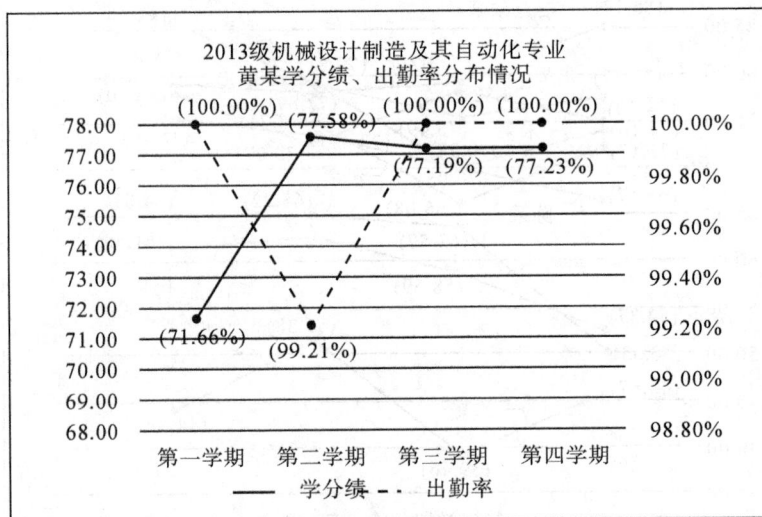

(a)

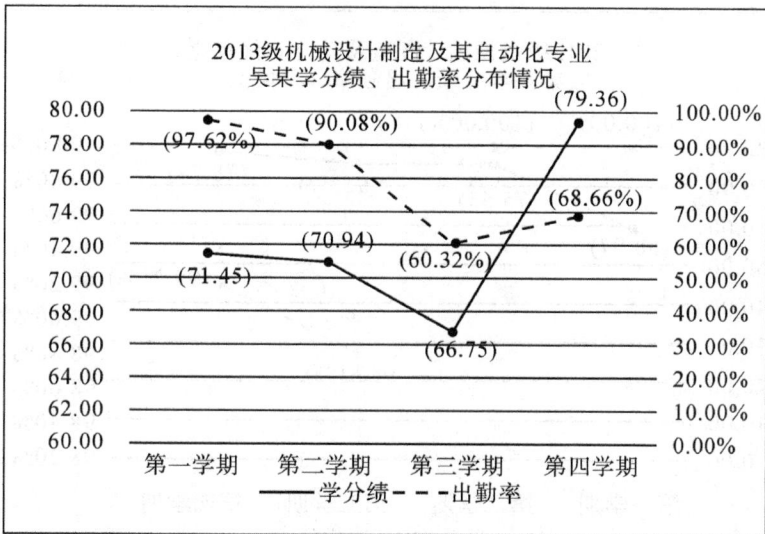

(b)

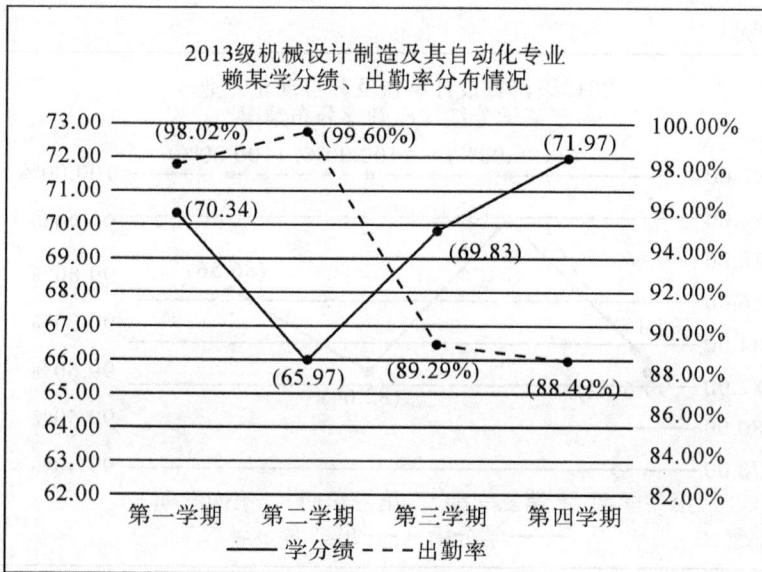

(c)

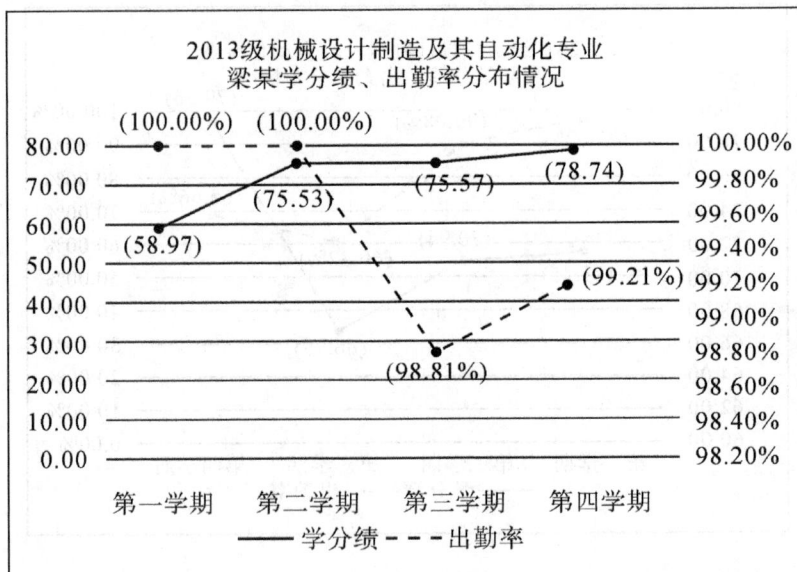

2013级机械设计制造及其自动化专业
梁某学分绩、出勤率分布情况

(d)

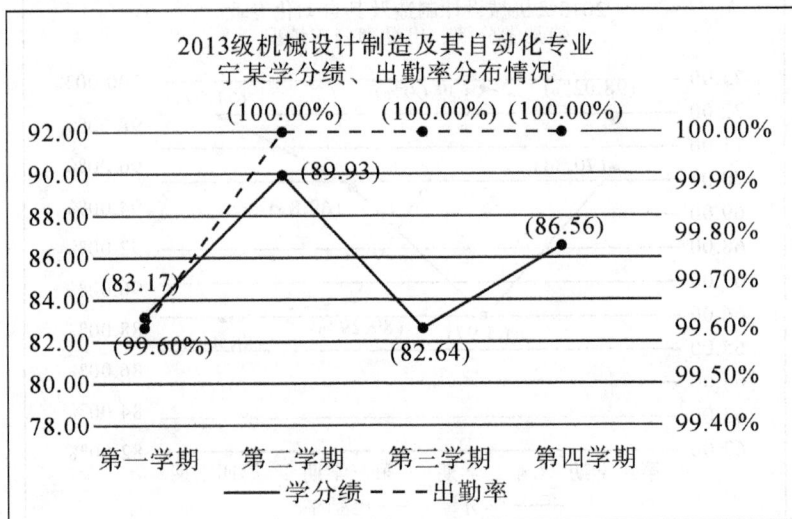

2013级机械设计制造及其自动化专业
宁某学分绩、出勤率分布情况

(e)

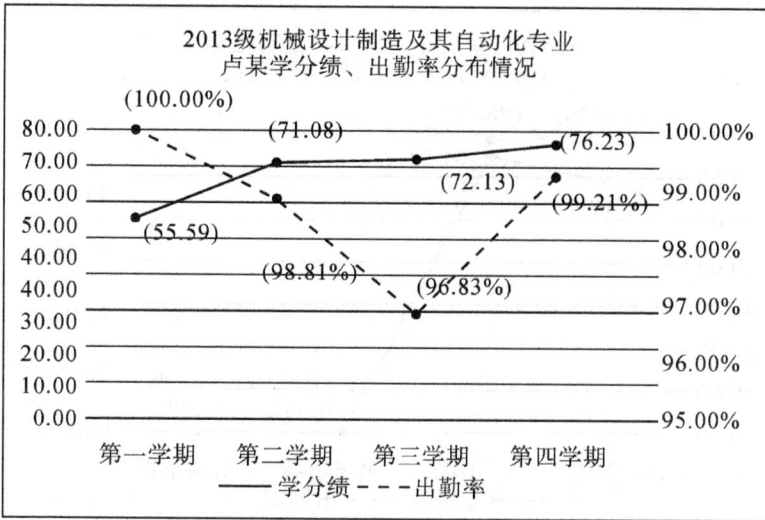

(f)

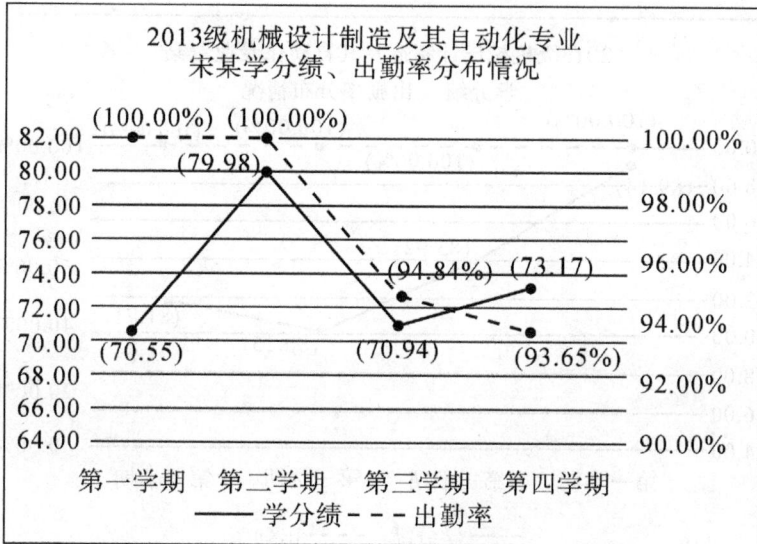

(g)

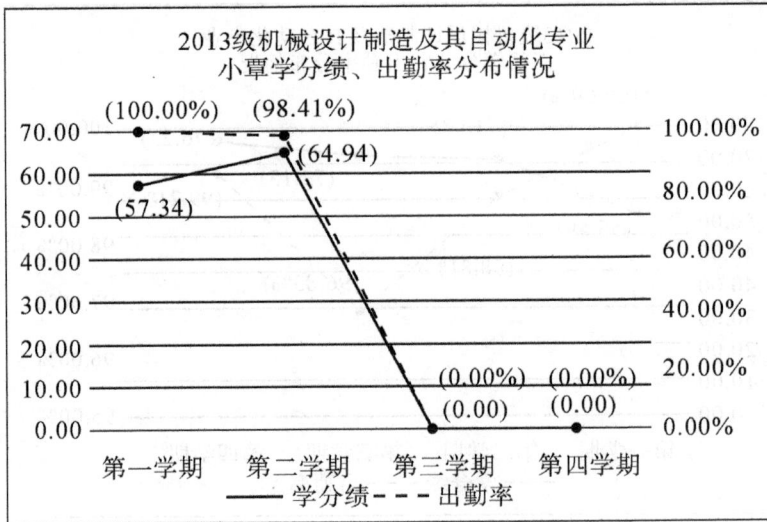

(h)

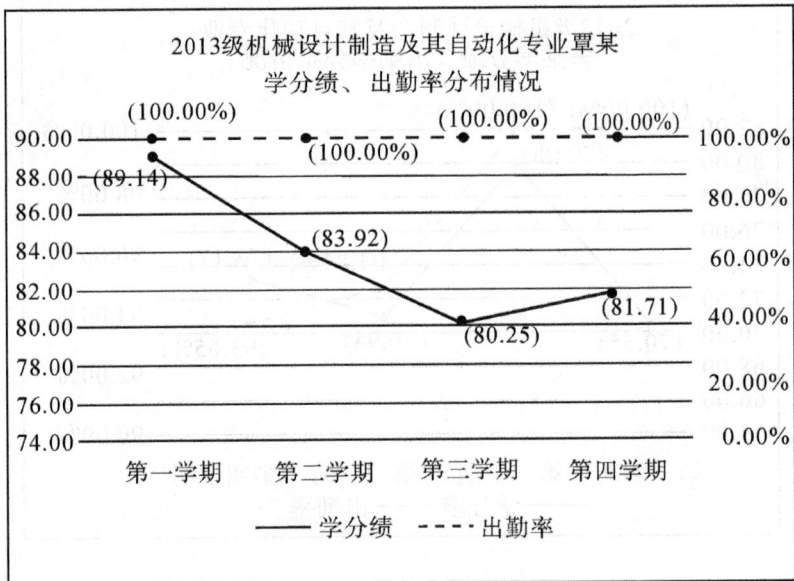

(i)

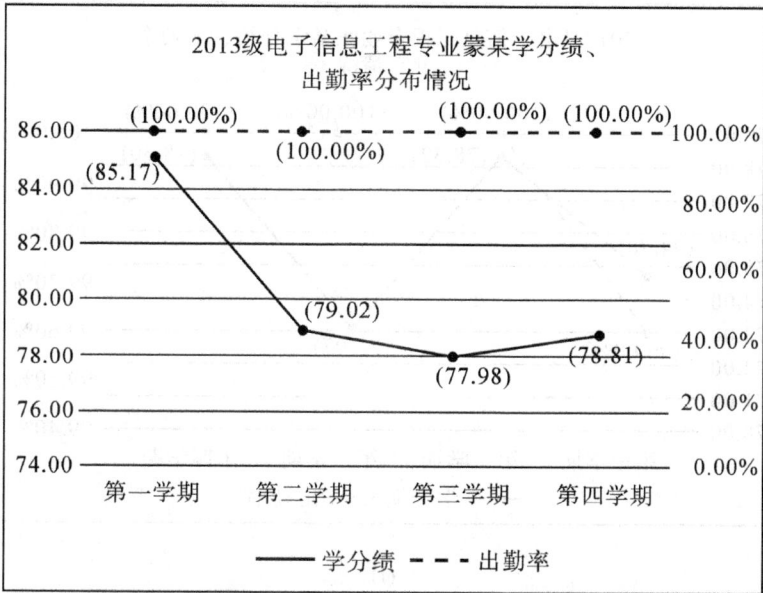

2013级电子信息工程专业蒙某学分绩、出勤率分布情况

（j）

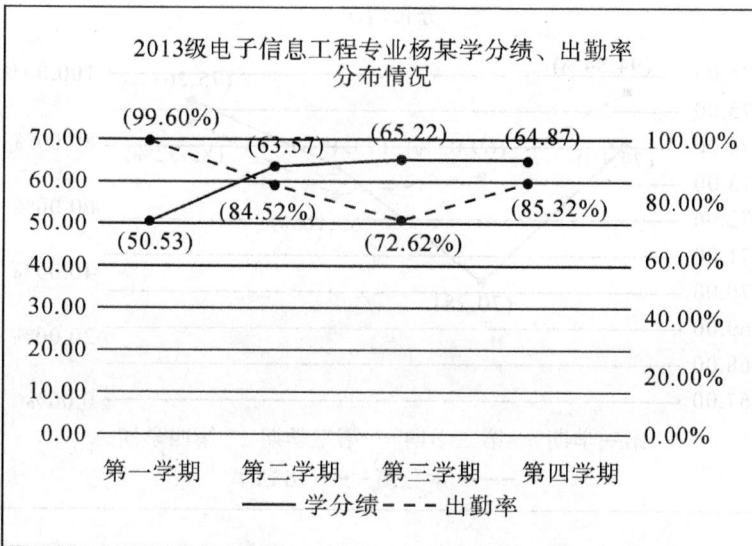

2013级电子信息工程专业杨某学分绩、出勤率分布情况

（k）

2013级电子信息工程专业张某学分绩、出勤率
分布情况

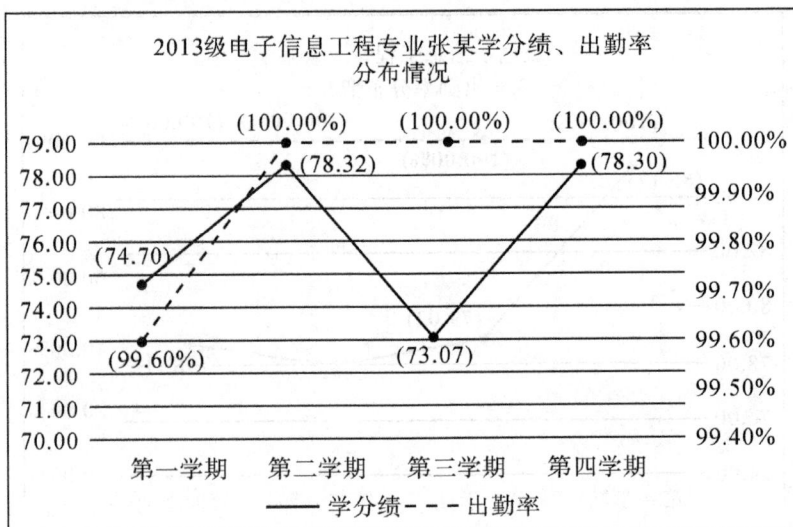

(1)

2013级电子信息工程专业朱某学分绩、出勤率
分布情况

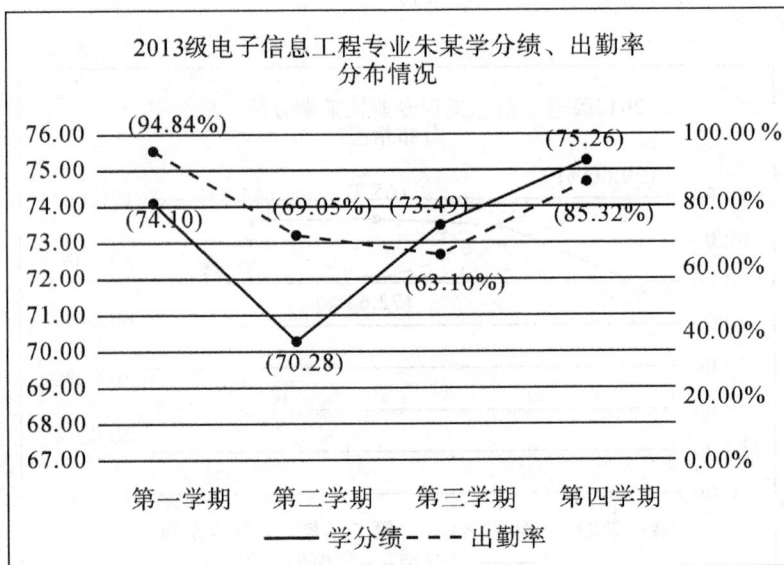

(m)

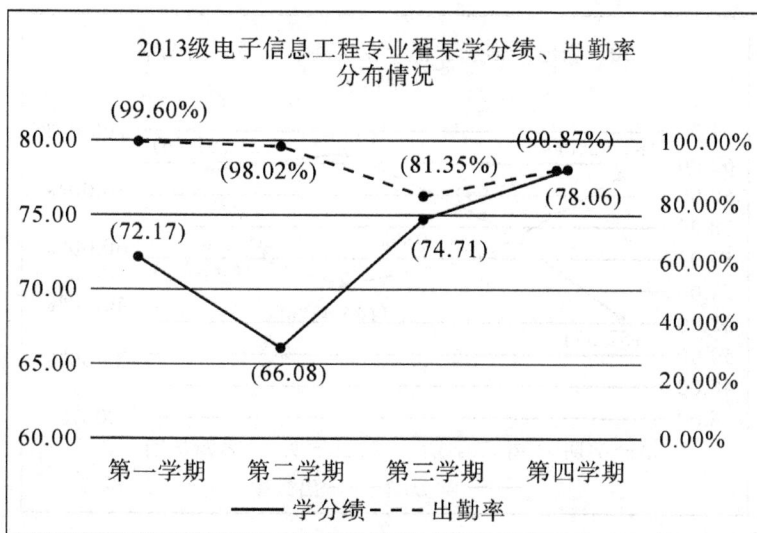

(n)

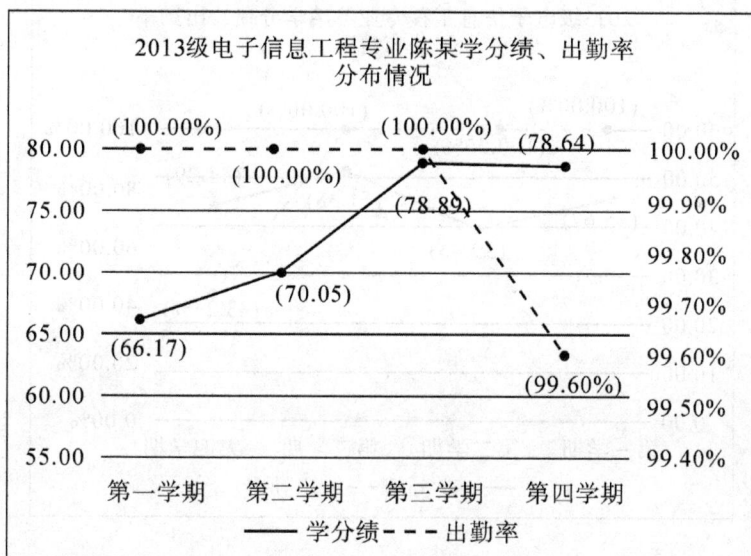

(o)

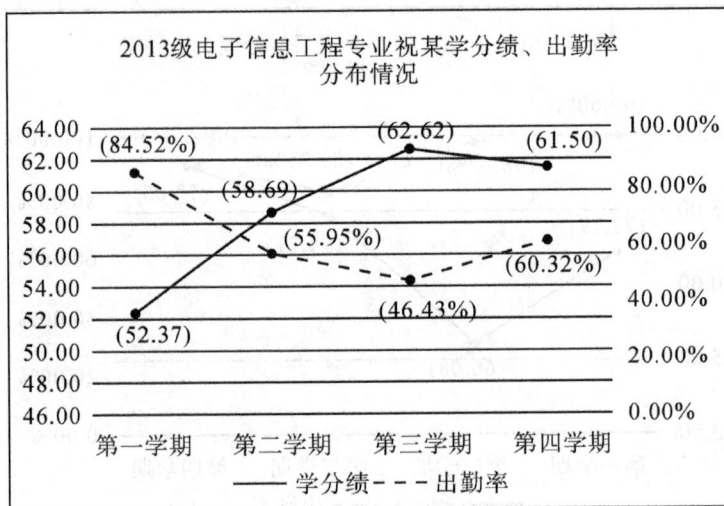

(p)

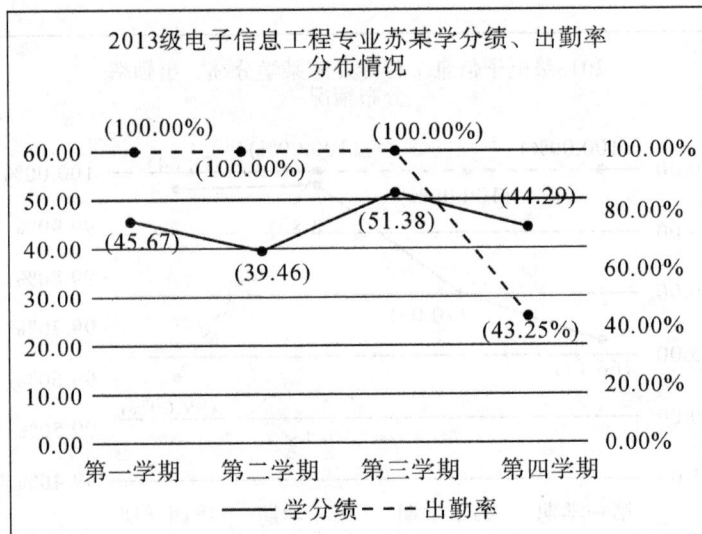

(q)

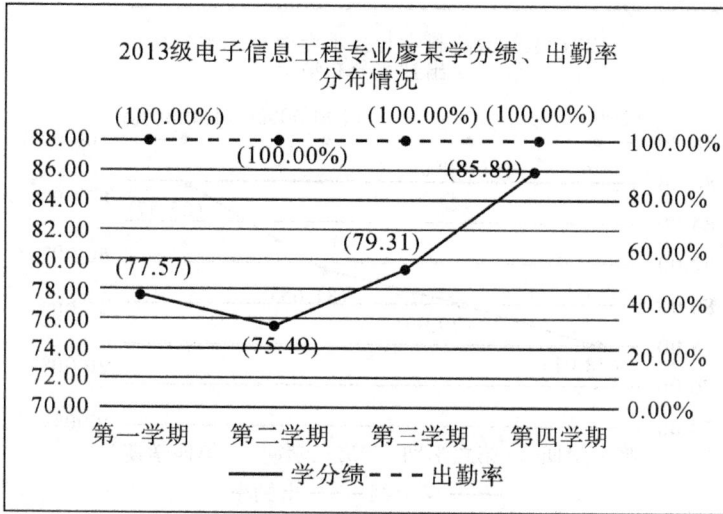

(r)

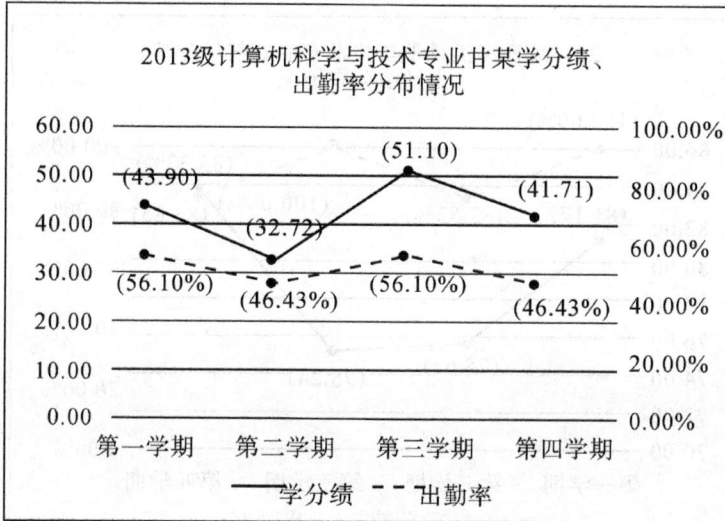

(s)

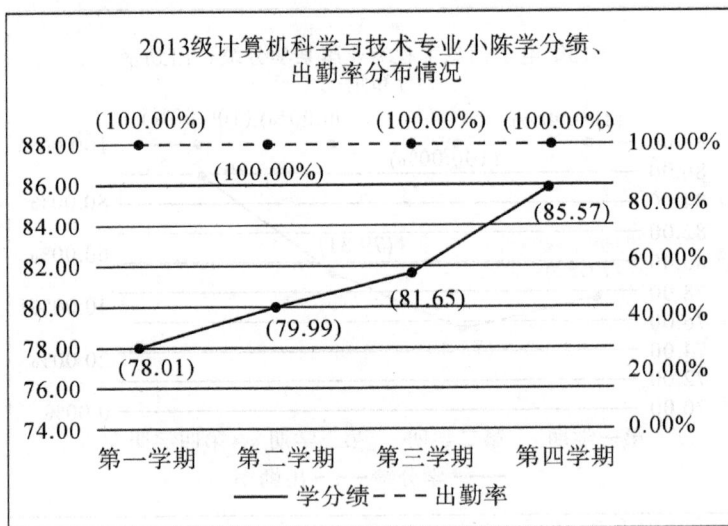

2013级计算机科学与技术专业小陈学分绩、出勤率分布情况

(t)

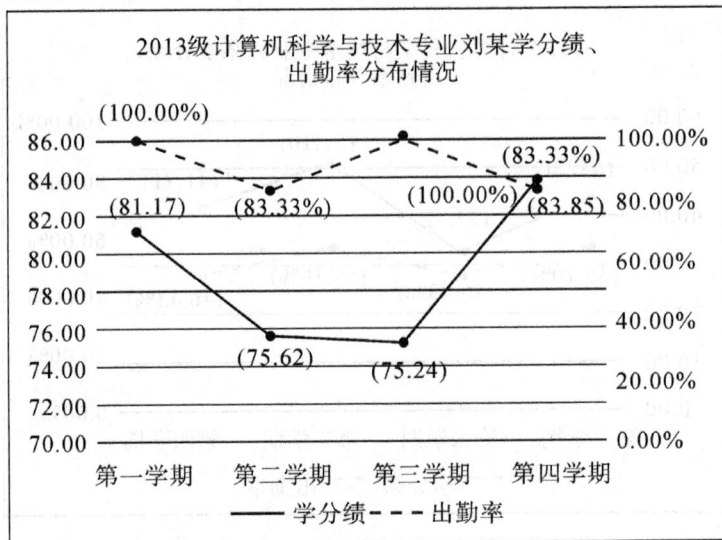

2013级计算机科学与技术专业刘某学分绩、出勤率分布情况

(u)

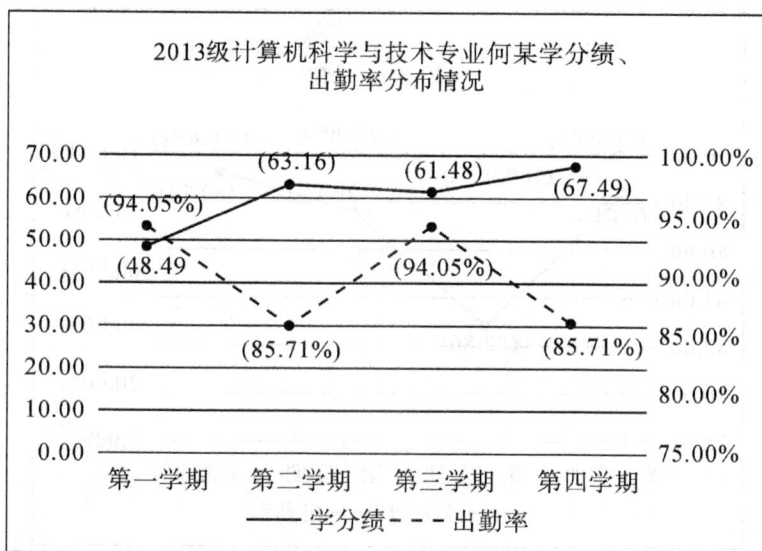

(v)

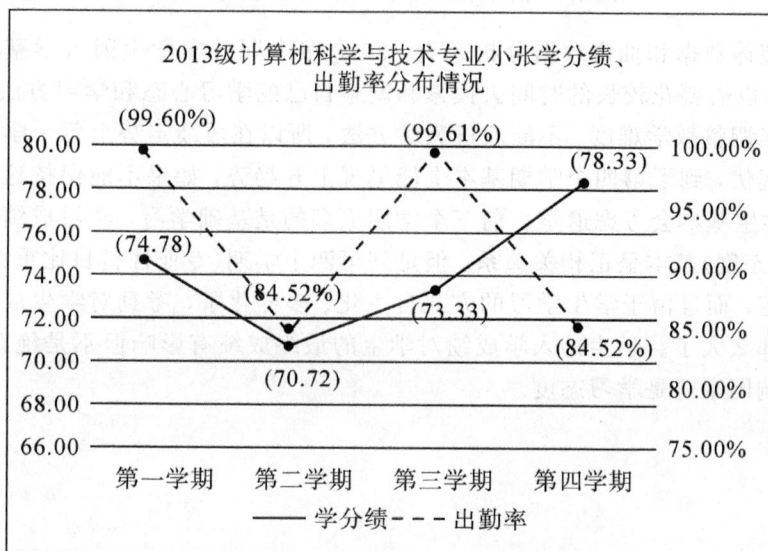

(w)

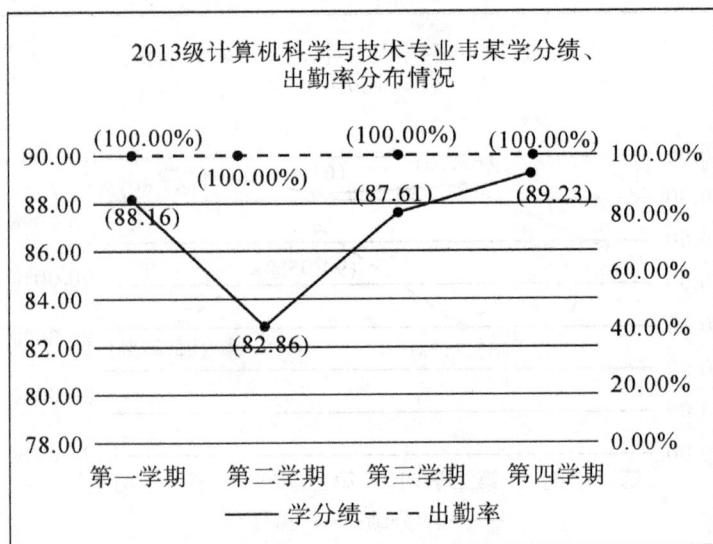

(x)

图 4.8　抽样学生的出勤率和学分绩走势图

从整体数据和抽样数据分析来看，2013级中职升本学生因入学基础相对较弱，所以需要花较长的时间去摸索和调整自己的学习心态和学习方法，学院也在适当调整教学难度、不断改进教学方法，所以在成绩走势上每个学期的成绩均有起伏，到了第四个学期基本上能呈现上升趋势，如果不能保持这样一个趋势，学生基本会考虑退学。前三个学期更多的是基础学习，学习成绩和出勤率(学习态度)基本呈正相关关系，但是到第四个学期(专业性科目比重大)成绩基本稳定，而且由于学生学习的方式自主化、多样化了，考勤对学生成绩的影响并不那么大了。学生的入学成绩对学生的最终成绩有影响但不是绝对影响，主要影响因素还是学习态度。

第 5 章　总　　结

桂林电子科技大学北海校区在长期教学实践与教学改革探索中,已逐步形成了特色鲜明的培养办学定位。

(1) 校区目标:将桂林电子科技大学北海校区建设成为现代职业教育体系下电子信息科学及其相关领域人才培养、科学研究、社会服务和文化传承创新的重要基地;成为培养多层次、高素质应用技术技能型人才的特色鲜明的校区。

(2) 办学特色:以区域性、行业性、多层次、应用型为特色求发展,努力彰显电子信息专业领域为主的学科专业特色、应用技术技能型人才培养为目标的人才培养特色,构建"高中升本"、"专升本"、"中职升本"、"高中升专"、"中职升专"等多层次人才培养的"立交桥",服务行业和产业,服务以北海市为桥头堡的北部湾经济区的经济社会发展。

(3) 人才培养:适应国家电子信息领域和区域经济社会发展的需要,培养面向应用、面向实际、面向未来,工程素质、知识、能力协调发展,掌握科学的方法、擅长动手解决实际问题的工程、技术应用技术技能型人才和地方经济社会发展急需的管理、经济、人文等紧缺人才。

(4) 服务领域:立足北海,依托部委,面向广西,辐射东盟,服务国家、广西经济社会发展,服务国家信息产业发展。以电子信息、装备制造、港口物流、海洋信息、现代服务业等为主要服务行业,坚持面向行业、产业与经济社会发展,主动支撑、主动融入、主动参与地方经济社会发展,成为北部湾经济区产业发展人才培养的主阵地、企业创新发展的智囊团、科学经营管理的助推器、先进文化发展的引领者。

学校是电子信息类学科优势突出、特色鲜明的多学科院校,不断提升人才培养质量和办学水平,彰显办学特色,更好地服务于社会。因此,为了更好地进行应用技术技能型人才培养基地建设,教育厅批准桂林电子科技大学北海校区作为"电子信息工程特色专业"试点建设学校,使学校能通过特色专业建设更好地推动教育教学改革、人才培养模式创新、教学条件改善等,在社会与行业产业服务能力方面得以提升,在人才培养方面发挥更大作用。

桂林电子科技大学于 2008 年成立北海校区，开办高等职业技术教育，并于 2013 年在北海校区成立了应用型本科学院——海洋信息工程学院，学校一直致力于对应用技术技能型人才培养的探索。这五年多来，桂电北海校区大力推进教育教学改革，通过不懈努力，改革取得了一定成效。

桂林电子科技大学北海校区充分利用在同一校区兼有本科、高职教育的优势，加大了对"中职升专"、"中职升本"、"专升本"、"高中升本"、"高中升专"多层次应用技术技能型人才"立交桥"式培养之路的改革与探索。针对学生多层次入学起点的实际情况，校区提出了"创建新型多层次课程体系，分层次因材施教"的教学改革思路。各层次的学生在教学目标及教学方法上有所不同，但是在培养过程中均强调"突出行业产业链的需求"，实现专业设置与产业需求、课程内容与职业标准、教学过程与生产过程的"三个对接"，从而打通"人人可以成才"的通道。桂林电子科技大学北海校区自建立以来一直立足于区域经济和产业，致力于培养素质全面、专业实践能力强的应用型技术技能人才。在长期的探索与实践过程中逐步形成了在大校区的管理体制下，适应现代职业教育发展需求的人才培养"立交桥"体系和一套系统的、具有特色的人才培养模式及培养方法，并取得了一定的成效。

2014 年 11 月 19 日，教育部鲁昕副部长到北海校区调研时，对北海校区在应用技术技能型人才培养"立交桥"模式创新、体系建立上取得的成绩给予充分肯定，并明确指出，要将桂电北海校区作为教育部应用技术技能型人才培养基地进行建设，发挥其辐射和示范作用。

北海校区在应用技术技能型人才培养过程中，创造性地提出了运用"闭环反馈系统"的模式，来培养中职升本学生。

所谓"闭环反馈系统"，具体操作包括以下环节：

① 对中职升本学生入学基本情况、中职升本学生特点等多方面情况进行了解，充分掌握学生的基本信息，并加以分析、提炼，掌握其内在规律；

② 提出与高中升本层次的学生截然不同的、具有切合中职升本学生特色的培养方案的调整办法，并作出科学的调整；

③ 在培养的过程中对培养对象进行如在校基本情况、学生学分绩与成绩、学生出勤率、学生身体健康情况等多个方面的实时跟踪并记录详细数据；

④ 反馈并分析数据；

⑤ 总结在培养过程中出现的问题；

⑥ 提出改进措施并积极投入实践。

整个过程可用图 5.1 进行描述。

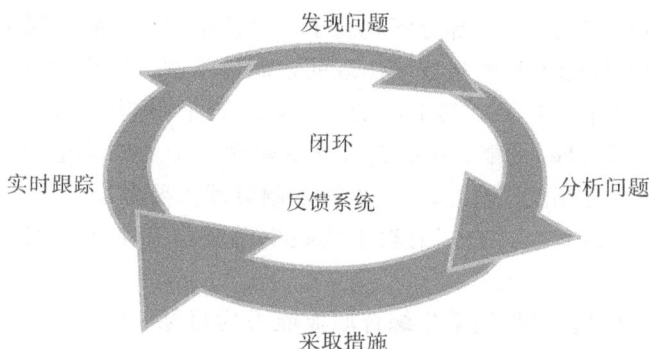

图 5.1　闭环反馈系统

该闭环反馈系统得以科学运用的关键，在于要及时地发现问题、及时地总结并提炼，发现培养过程中出现的问题并找出其背后所蕴含的客观规律，上升为理论并思考解决办法，这样才能保证该循环培养系统正常运行。比如当我们发现中职升本学生因文化课基础薄弱（尤其是英语、数学），而导致基础课程学习十分吃力这一普遍现象时，采取了抽样调查的方式，了解到中职学生在之前的职业教育阶段基础文化课学习甚少且已经脱离系统的学习将近一年时间，在学习态度上反映出一些自卑、厌学、学习无助等心理。在总结了问题产生的原因后，我们调整了教学方案并进一步做好"高等数学"、"大学英语"等课程与相关基础知识内容的衔接。同时强调学习本专业的"应用数学"、"应用英语"的重要性，并紧密围绕实践环节，提高基本技能的教学要求，从工程应用出发，通过安排简单的、实用性较强的课程设计，充分引导学生从应用实践出发，积极地带动理论学习，同时促进其操作能力的提升。

其次，学生的思想状态、学业成绩、特长、获奖情况等基本信息，要在第一时间准确、详细地把握。中职升本的学生有自己的特长和心理世界，及时发现才能做到更好的教学互动。在闭环反馈系统中，发现问题的途径可以有很多，如学生座谈会、调查问卷、鼓励学生反馈问题、教师自主发现问题等。在采取措施的过程中应时刻注意中职升本学生的特殊性，包括心理生理等各方面。

一个完整的闭环反馈系统如果缺少了继续跟踪这一重要环节，就失去了其最核心的意义。继续跟踪环节应该贯穿于人才培养的全过程，发现问题的客观规律始于跟踪，学生成长数据全记录始于跟踪，整个闭环反馈系统也是建立在实时跟踪的基础上的。

职业教育"立交桥"的教学实践与教学改革探索的过程并不是一帆风顺的，期间也会遇到许多的问题，部分问题属于历史遗留问题，部分则是一些长期性问题，同时也有伴随着培养过程中出现的发展性问题。以生源入口为例，中职学生生源主要是来自广西，其中县城居多，而每个中职学校的学生又有趋同（性格、行为、关系圈）可能，这造成部分中职学校毕业的学生很积极主动，部分学校学生又恰好相反，因此，教学方案的制订就需要考虑到这种差异性。

学校在职业教育"立交桥"的教学实践中总结出几个重点实施方向，具体如下：

（1）专业对口。以提高学生综合职业能力为目标，与行业、企业共同设计专业的人才培养方案，以能力培养对接岗位需求改革专业课程体系，使专业课程内容与职业标准对接、实验实训课程内容与岗位对接、学历证书与职业资格证书对接。通过项目实施，修订人才培养方案，体现不同层次的人才培养特色，完成人才培养模式改革的教学实践论证，完善特色专业人才培养过程的理论框架，并进行教学实践的系统总结。

（2）分层辅导。中职学生入学后面临的校园环境也相对复杂，就桂林电子科技大学北海校区而言，中职升本、专升本、高中升本、国际学院四个层次学生共存，在这样的情况下，就要把握特点，求同存异，探索不同起点生源的应用型本科教育人才培养模式，构建人才培养"立交桥"。

（3）师资引进。在师资引进方面，引进高层次人才，加强"双师型"教师队伍建设与青年教师培养，打造高水平的教学团队。"双师型"教师队伍建设上，采取"请进来，走出去"的方法，聘请具有丰富实践经验的企业高技能人才担任专兼职教师和生产实习指导教师；同时，选派专业教师到企业顶岗实践、开展技术服务，提高实践教学能力。

（4）硬实力建设。建设校内实训基地，着眼专业特色，把握发展需要，如针对电子信息工程特色专业打造"微企式训练中心"实训基地、基础技术实验实训平台、微格实验实训平台、微企实验实训平台等，着力打造适应现代产业链发展的多层次、高素质应用技术技能型人才培养基地。

职业教育的培养，是为了培养为国家经济发展而做出重要贡献的技术技能型人才，但是职业教育本身的吸引力相较普通其他培养模式来说不够高，同时立交桥的融会贯通还需解决不同层次、不同类型人才的"入口"衔接和"出口"导向等诸多问题。当前职业教育还不能完全适应社会经济发展的需要，办学条件有待加强，体制机制框架有待进一步完善。